弱くても勝てる　強くても負ける

石浦外喜義

GENTOSHA

はじめに――小さい・弱いというデメリットも強みに変えられる

*なぜ鳥取の一高校から、強い力士が次々と育つのか？

最近の大相撲を見ていて、こんな質問をされたことがあります。

「嬉しいつらさか、つらい嬉しさを感じる取組が増えたでしょう」

何のことかといえば、最近、鳥取城北高校相撲部出身の力士同士、つまり私の教え子同士の取組が、しばしば行われるようになったからです。

この本を書いている時点での新しいところでは、二〇一七年三月場所五日目の照ノ富士と貴ノ岩、同年一月場所初日の貴ノ岩と石浦の取組、二〇一六年十一月場所五日目の逸ノ城と石浦、さかのぼって記憶に残っているのは二〇一五年一月、三月と二場所連続で水入りの勝負になった照ノ富士と逸ノ城の取組です。

指導者としては、誰にしてもかわいいわが子のようなもので、さぞかし教え子同士の対戦には気をもむのではないかと、心配してくれているのでしょうか。

私の答えはといえば、最近の相撲人気の高まりも含め、彼らのどちらが勝とうが負けようが、天下の土俵上をわかせて戦う姿は、「嬉しい」の一言に尽きます。


たしかに、現在、鳥取城北高校からは、何人もの大相撲力士が誕生し、二〇一七年三月場所時点で、いわゆる関取といわれる十両以上の力士が、五人も活躍しています。三年前の逸ノ城の衝撃的な新入幕、あっという間に大関まで駆け上がった照ノ富士の活躍、そして二〇一六年十一月場所での幕内最軽量、石浦の十連勝による敢闘賞受賞など、鳥取城北高校で鍛えた力士が土俵を盛り上げ、他にも前頭・貴ノ岩、十両の山口を含めて関取だけも五人、幕下以下を入れればさらに何人もの力士が角界入りし、あとに続こうと頑張っている後輩たちも大勢います。

これは、インターハイ団体優勝九回の伝統を持つ相撲名門校、埼玉栄高校（十両以上七人）に次ぐ数です。しかも、生徒数の多い埼玉とは比較にならない、鳥取という地方でのお話なので、知った人たちはみな意外な感想を持たれるようです。

実際、なぜこの地方都市・鳥取から強い力士が生まれているのでしょうか、と聞かれることもよくあります。

一言でいえば、これは相撲に限ったことではなく、私たちが指導方針の中で大事にしているものを、教え子たちがうまくくみ取ってくれたからではないかと思っています。

ほんとうの稽古とは何か。人にやらされて稽古したような気になるのでは、自分をごまかしている。ほんとうに自分のためになるとは思っていないので、それでは絶対に身になりません。「嘘のない稽古」と口を酸っぱくして言っているのも、そのことを伝えたいからです。

これは何も、相撲などスポーツに限ったことではないと思います。相撲の指導を通じて、人が育っていく過程には何が必要かを、私自身、毎日思い知らされています。たとえば、体の大きい小さいも、メリット、デメリットと考えないで、大きいも小さいもその子の「個性」であると考えるようにしています。

＊小さくても勝てる、大きくても負けるその理由

最近では二〇一六年十一月場所で、新入幕の石浦が幕内最軽量という小さな体で、一〇〇キロも体重差のある大型力士に勝ち進むさまを見て、「これぞ国技・相撲の醍醐味」とほめてくださる人もいました。

石浦には、まだまだ課題も試練もあるでしょうが、彼には、同じ小兵力士でもかつての鷲羽山《わしゅうやま》や舞の海とはまた違った、正攻法の強さも弱さもあるようです。彼がこれからどのようにその注目と期待に応えられるか、その強さと弱さの秘密は、親であり指導者である私にもまだよくはわかりません。

しかし、今まで多くの相撲部員を見てきた人間として、その教育の過程をお話しすることで、私自身も問題を整理することができるだろうと、今回の執筆をお引き受けしました。

大きくても小さくても、強くても弱くても、それはその人の個性であると考えます。

その個性を生かせれば、小さくても弱くても勝てるし、逆にその個性を生かせなければ

ば、大きくても強くても負けてしまう。それは相撲の世界だけでなく、広く人育てや人生全般に通じることだと思います。

とはいえ、「スポ根」ドラマのように根性さえあれば強くなれる、成長できるというほど現実は甘くありません。指導者は、いたずらに部員たちを特訓すればいいというものではなく、より効率のいい練習方法を提案する義務があると思います。

教育の場では、熱意さえあれば、愛情さえあれば子どもは育つ、といわれることもあります。しかし、子どもにはこう接すればこう育つ、こう訓練すればこんな効果がある、という合理性や理詰めでの納得がなければ、教えるほうも教わるほうも、よりよい成長を手に入れることはできないと考えます。

＊白鵬も舌をまいた、まわしを切る名人・琴光喜

たとえば、さきほども述べたように、小さい力士が大きい力士に勝つためには、根性だけではない技術指導が必要です。

よくいわれることに、「上手《うわて》ではまわしを深く取らない」という注意があります。これも、上手でまわしを浅く取ったときと深く取ったときの、力の伝わり方を比較して説明するとよくわかります。

また、相撲は相手との体勢の崩し合いです。小さい者は大きい相手を真正面から押し切れるわけではありませんから、大きい相手のどこを突き、どう崩せばいいか、その弱点の攻め方を稽古で身につけさせます。


こうした指導の中には、鳥取城北高校の専売特許かもしれない「まわしの切り方」もあります。

「まわしを切る」と一口にいっても、簡単なことではありません。やみくもに体を動かしても、かえって自分の体勢が崩れて相手に付け入られます。

まわしを切るには、「自分の軸がぶれないこと」という前提があるのです。これをマスターした教え子で、かつての大関・琴光喜はじつにまわしの切り方が上手でした。横綱・白鵬も琴光喜と組んだとき、「うまく下手《したて》を取って勝ったと思ったら、すぐにまわしを切られて負けたことがある」と話してくれたことがありました。

こうした訓練を受けて巣立った逸ノ城も照ノ富士も貴ノ岩も、もちろん石浦も山口もこのままでは終わらないでしょう。「磨けば光る玉」ですから、まだまだ成長してくれると思います。

たしかに逸ノ城は苦労していますが、期待はもちろん消えていません。それどころか、彼はいずれ横綱になる〝逸材〟だと思う私の見立てに変わりはありません。

遊牧民出身の素直な子です。まだまだ試練はあるでしょう。素直なだけにいろいろな情報に迷うこともあるでしょう。

その試練を乗り越えるには、何といっても基本です。

基本の稽古をたっぷりすればお腹がすく。お腹がすけば食べたいだけ食べる。しかし、稽古をしないで夜食などを食べることは、絶対やってはいけない。それもこれも当たり前の基本です。

四股《しこ》やすり足を嫌というほど繰り返すなど、基本の稽古でくたくたになる。その上で体が要求するまま、食べたいだけ食べれば、当然ながら眠くなります。眠くなったら眠りたいだけ眠る。こんな健康的な生活はありません。

力士といっても、普通の人の健康的な生活と、そんなに極端な違いはありません。

その意味では、逸ノ城も照ノ富士も、鳥取城北高校で育った私のかわいい教え子ですから、心配していません。

＊相撲指導者になり切れない父親の弱みもある

石浦に関しては、相撲の指導者としていろいろ言いたいことがあります。

毎日の取組を見ていて、「低く出ることは大事だが、頭を下げすぎて相手が見えなくなってはダメだ」とか、女房を相手にあれこれと話すものですから、彼女には、「私に言っても仕方がないでしょ。直接言ったらどうですか」と言われます。

もっともだと思って電話をするのですが、電話口に彼が出ると、とたんに言うべきことを忘れて、

「どうだ。体の調子はおかしくないか。痛いところはないか」

「少しは痛いけど大丈夫」

「そうか。何か困ったことはないか」

「べつに」

「まあ、これからだからな」

「わかっとる」

「じゃあな」

で終わってしまい、相撲指導者からとたんに父親になってしまっています。

女房には、「何ですか、今の電話は。私に言っていることと全然違うじゃないですか」と言われますが、弁解の余地はありません。


石浦は、力士になると決意して弟子入りして以来、ウェイトトレーニングなど体づくりを必死になってやったせいか、人から「すごい体になりましたね。あの隆々たる筋肉にはびっくりです」とよく言われます。

しかし、私はそれよりもよく動くこと、動けることを評価しています。

体がみごとにできていても、動きがもう一つという力士は多いのです。彼はテレビのインタビューで、巨体の力士には圧倒されるけれども、「あれはでかいだけだと思うことにしている」と言っていました。

たしかに、小さい力士は大きい相手に、力で優位に立てなくても、動きで優位に立つことで弱点を利用し勝つことができます。体の大きさは体力という点ではメリットになりますが、重たい分、動きやすさという点ではデメリットになります。

小さい力士は、重さや力がないというデメリットを、動きやすいというメリットで跳ね返すことができるはずです。

ただ、この「動きのよさ」だけに頼ろうとすると、その動きを悟られ、研究されて、だんだん打つ手がなくなってきます。小さくてもガツンと来るもの、小さくても動きの素早さだけではない、大きさから来る重さではない、別種の力強さがないと勝ち抜いていけません。

＊小兵力士のお手本・舞の海と、石浦はどこが違うか

たとえば、小兵力士の見本とされた舞の海と石浦の相撲は、似ているのかとよく聞かれるのですが、かなり違います。

「技のデパート」といわれる多彩な技で有名だった舞の海は、現役時代の身長が一七一センチ、体重九六・五キロで、ほぼ石浦と大差ない体格です。この体格で小結まで昇進したわけですから、のちのちまで語り継がれる名力士です。

まだ新入幕を果たしたばかりの石浦と、一時代を築いた名力士・舞の海を比べられるわけもありませんが、舞の海の決まり手と、石浦の決まり手を比較してみると、微妙な違いがあるのに気づくと思います。

日本相撲協会の力士データによれば、舞の海の決まり手は、下手投げ38％、送り出し14％、切り返し12％、その他36％でした。

これに対して石浦の決まり手は、押し出し19％、寄り切り17％、送り出し13％、その他51％となっています（二〇一七年三月場所終了時点での、過去六場所の取組結果に基

づいて算出したもの）。

このデータ以外にも、もちろん過去に見られた決まり手はたくさんあります。

舞の海の場合、寄り切り、上手投げ、内掛け、足取り、内無双《うちむそう》、寄り倒し、下手ひねり、とったり、首投げ、外掛け、押し倒し、三所攻《みところぜ》め、叩《はた》き込みなどがありました。

一方、石浦の場合、送り出し、突き落とし、引き落とし、寄り倒し、足取り、叩き込み、小股すくい、下手ひねり、はりま投げ、下手出し投げ、すくい投げ、肩透かし、上手出し投げ、上手投げなどがありました。


このように石浦は、まだ舞の海ほど多彩な技を知らないという面もあるでしょうが、意外に寄り切り、押し出しなどの正攻法の攻めが多いという特徴があります。

石浦が幕内最軽量の小兵ながら、二〇一六年十一月場所で十連勝し、敢闘賞までもらえたのは、動きのよさに加えて、正面からの正攻法を心がけていたからだと見ています。

これはその後の場所でも変わらないと思います。変わらなければ、今後の成績も期待できるものになるでしょう。

これはまさに、前述のように教育全般にもいえることで、体の大きい小さいはメリット、デメリットという捉え方をするより、それぞれの「個性」と受け止めたほうがいいと思っています。

＊デメリットを「個性プラスワン」で強みに変える

そして、性格や好き嫌いと同じく、大きいことには大きいことのよさがあり、小さいことには小さいことのよさがある、そこに何かもう一つ加わるともっとよくなると思うのです。

つまり、持ち前の個性を十二分に生かしながら、なおかつそうして予想されるよさにプラスする意外な面、たとえば小さいのに動きのよさだけではない正攻法、どんと当たる、前に出てくる重量感によって、一見弱そうでも勝てるチャンスが増えてくるはずです。

繰り返しますが、大きくても小さくても、強くても弱くても、それはその人の個性です。その個性をうまく生かせば、小さくても弱くても勝てるし、逆にその個性を生かせなければ、大きくても強くても負けてしまう。その現実は、相撲の世界だけでなく人育て全般に通じることではないでしょうか。

その意味では、逸ノ城も照ノ富士も貴ノ岩も、もちろん石浦も山口も、これから自分の個性プラスアルファの相撲をどう作り上げていくかが見ものです。

私も、この鳥取の高校でのかわいい教え子たちが、どこまで自分の可能性を伸ばしていけるか、教育者として、そして一人の父親として楽しみにしています。

今回、その相撲部だけにとどまらない鳥取城北高校の生徒たちとの、喜怒哀楽の付き合いの中で気づいたり感じたりしたもろもろのことを、自分への言い聞かせの意味も込めてまとめてみました。

このささやかな一冊によって、相撲という一見特殊な世界で得た人育ての楽しさや苦労が、相撲だけでなくもっと広い世界での人育てに通じるのではないかということを感じ取っていただけたら幸せです。

と同時にこの本が、ますます相撲というスポーツの面白さ、深さを知っていただくきつかけになれば、相撲を愛する人間として望外の喜びです。

二〇一七年四月

石浦《いしうら》 外喜義《ときよし》

本文中、力士名の敬称は略させていただきました。

◈弱くても勝てる　強くても負ける　目次

第2章 基本、基本、基本また基本

第3章　親孝行と自立のすすめ

第4章 一生役に立つ負けん気を養う

第5章 集中力の磨き方

第6章 自分で選ぶ、人のせいにしない

第7章 指導者は変化を見逃すな!

装幀　多田和博
編集協力　㈱アイ・ティ・コム
ＤＴＰ　美創
写真提供　鳥取城北高等学校

第1章

「嘘のない稽古」だけが効く

◇鳥取城北高校は、こうして相撲名門校になった

このところ大相撲は近年まれに見る盛り上がりで、それには鳥取城北高校出身者の活躍も一役買っているといわれます。

彼らを送り出した相撲部の指導者として、これほど嬉しいことはありません。しかし、最初に水を差すようで申し訳ないのですが、鳥取城北高校の相撲部は大相撲に力士を送り出すためにあるのではありません。私は、あくまでも他の部活と何ら変わることのない若者教育の一環として捉えています。

私が鳥取城北高校相撲部の監督に就任したのは、一九八六年四月のことでした。じつはそれも、思いがけないなりゆきからでした。

私は日本大学を卒業すると同時に、国体の相撲代表選手として鳥取に引っ張られました。国体後に郵政省（当時）に行かないかという話もあったのですが、どうしても教師になりたくて、郵政省を断り、就職の条件らしいものは何も聞かないままに、鳥取城北高校に行くことにしました。

それから三十年余り、長いような、あっという間のことだったような気がしています。しかし、鳥取城北高校相撲部の誕生はさらに古く、四十年ほどの歴史を持っています。今でこそ、相撲名門校といわれていますが、もちろん、相撲部誕生のときから強かったわけではありません。

たとえば、本校よりも古い歴史を持つ明大中野中学・高校は、年に一回のインターハイでの歴代高校横綱を四人出していて、元横綱・貴乃花や若乃花、元大関の栃東など多くの大相撲力士を輩出しています。わんぱく相撲の全国大会出場者や優勝者など、サラブレッド級の少年たちがこぞって、明大中野の門をたたいたものです。

名監督として私も尊敬している武井美男氏が急逝《きゅうせい》されてから、監督不在の時期が続き、部員の数も減って、一九九四年以来、高校横綱も出ていないのが惜しまれます。

こうした歴史ある高校に比べ、本校が相撲名門校といわれるようになったのは、平成にはいってからのことになります。一九九三年を皮切りに、二〇〇五年、二〇一一年、二〇一三年と、四人の高校横綱を誕生させることができました。

現在、最強のライバル校は埼玉栄高校で、同校も、我が校より一年早い一九九二年以来、四人の高校横綱を出しています。大関・豪栄道や元小結・豊真将《ほうましょう》などが同校出身です。

埼玉栄高校は、明大中野高校の伝統をもっとも強く受け継いでいるように私には思われます。この二校と鳥取城北高校の違いは、何といっても、前者が首都圏にあり、我が校が地方にあるということでしょう。

この違いは大きく、たとえば、鳥取県と島根県、どちらが西側か東側なのか、定かではないという方が多いようです。皆さんはおわかりでしょうか。「えっと」と考え込む人も多いと思います。

私たちは、いってみれば中央に殴り込みをかけているようなもので、それを私は「雑草魂」と呼んでいます。たしか、巨人から大リーグへ行った上原浩治投手が同じことを言っていたと思います。それと同じで、根絶やしにされそうになっても生えてくる雑草のように、地の底からでも這い上がっていこうと思いながらやってきました。

埼玉栄高校などの強豪校にとって、私たちは、あまり試合をしたくない存在だったのではないでしょうか。たたかれてもしぶとく立ち上がる根性を身につけようというのが、基本方針にあるからです。

この「雑草魂」を胸に秘め、二〇一一年、私たちはついに、六つあるすべての全国大会で、団体戦、個人戦に優勝することができました。これは、史上初、まさに前人未到の快挙でした。

「ローマは一日にしてならず」という言葉があります。ローマ人が、イタリア半島を統一するのに五百年かかったということから、大事業は長年の努力なしに成し遂げることはできないという意味ですが、鳥取城北高校も、「一日にして相撲名門校になった」わけではないのです。

「嘘のない稽古」とは、どれだけ自分を追い込めるか

私がいつも部員たちに唱えさせていることは、「しょげない」「おごらない」「あきらめない」の三か条です。

「しょげない」とは、負けてしまったときに、「今度こそ」と奮起するために必要なこ

とであり、「おごらない」とは、勝ってもいい気にならないことであり、「勝って兜の緒を締めよ」に通じるものです。また、「あきらめない」ことは、土俵際に追い詰められても、死に体になりそうでも、起死回生を図るために必要不可欠です。

つまり、勝っても負けても、この三か条を守るためには、いっそう厳しい稽古が要求されます。

部員たちの性格はいろいろで、荒っぽく闘志満々の部員もいれば、大丈夫かなと心配になるくらい、おとなしい部員もいます。しかし、性格がどうであろうと、強くなるためには守らなければならないのがこの三か条だと思います。

土俵に上がったら助けてくれる人はいません。そこにあるのは、自分がやるかやらないかだけ。逃げ道はありません。

相撲には引き分けもなく、優勢勝ちもありません。同体ならば取り直すし、判定で勝負を決めることもしません。勝つか負けるかしかないのが相撲です。そのように、勝負がはっきりしているのが相撲の魅力の一つでしょう。

そういう意味でいえば、最後にものをいうのは精神力なのかもしれません。何があっても動じないような稽古が必要でしょう。やはり、試合で勝てるかどうかは、稽古場でどれだけ自分を追い込めるかで決まるのだと思います。

そのために私は、常に自らを追い込んでいく稽古をさせるよう心がけています。人間は弱いもので、たとえば、こちらが「そこらへんでいいだろう」と言えば、「はい」と言って下がってしまう部員も多くいます。

それをさせないのが指導者の役割です。ですから、私は決して「もういい」とは言いません。稽古を切り上げたいという気にさせないために「もういいのか」と言うのが常です。

すると、必ずといっていいくらい「いいえ、やります。やらせてください」という言葉が返ってきます。言葉とは不思議なもので、「もっとやります」と口に出して言うと、ほんとうにやる気になってきます。

とはいえ、ほんとうの意味で自覚できるようになるには時間がかかり、三年生になるまで待つこともしばしばです。入部したての一年生は、「もう稽古やめます」と言えば怒られると思うから「いいえ」と言っているだけで、心が伴わないことが多いようです。

そうしたいい加減な気持ちで試合に臨めば大抵負けますし、怪我をすることもあるので、「今言ったことがほんとうにわかっているのか、向こうは本気でやってくるんだぞ」と言って土俵に送り出します。

案の定、彼は負けて帰ってきます。そのとき、自分の甘さを自覚すれば、稽古にも真剣に取り組むようになります。私の役割は、負けた口惜しさを味わい、自分の甘さを自覚できるチャンスをたくさん作ってやることだと思っています。

私のいう「嘘のない稽古」にも同じようなことがいえます。私の前でいい子になっても、自分に対して嘘があれば、決して強くなれないからです。よく言われるように、人は騙せても自分を騙すことはできません。

他の人が稽古を見て、「あの子、頑張ってますね」と言ってくれても、私は認めません。「頑張ってない！　おまえより頑張ってるのがたくさんいるんだぞ！　一番頑張ってないのがおまえだ！」と、自分で自分を追い込ませます。

我が校の相撲部の強みは、こうして切磋琢磨して、それぞれが自分を追い込んだ稽古を重ねているからだと思っています。

◈三年になったらみんな「いい男」になる

相撲部監督としていつも心がけてきたことは、三年間で自分がどれだけのことを教えられるだろうかということです。

それは相撲だけではありません。あらゆる点で一人前の人間に育てて送り出したいと思っています。次につなげてやりたいという気持ちがあるからです。もちろん、プロとしてやっていける自信があるのであれば、それも一つの道でしょうが、プロの土俵はどんな世界よりも厳しい修羅場です。

相撲の世界では、十両になって初めて関取と呼ばれ、十分な給料をもらえるようになります。そのため私は、教え子たちには基本的には大学へ行くことを勧めています。いきなりプロというよりは、さらなる勉強をして、さまざまな可能性を試してほしいと願っています。

そういう意味で私は、相撲部員たちが、三年生になってみな「いい男」になることを理想としています。

三年生になってから強くなる部員がたくさんいます。卒業するころに強くなってきて、「もう少し早ければ、試合に出られたのに……」という場合がよくあるのです。しかし、私にはそれもまた嬉しいことで、それは、大学へ行ってからの活躍を楽しみにできるからです。

現に、高校三年間頑張ってもレギュラーになれなかった部員が、大学にはいってからレギュラーになったというケースもあります。自分で自分を追い込む稽古に励み、「いい男」になって大学へ進んだ結果、見事に実を結んだということになるでしょうか。

もっとも、大学へ行ってから結果を出せる部員がいる一方で、ずっと芽が出ない部員もいるのが現実です。ですから、「ここまでしか教えてやれなかったけれど、大学へはいれば、絶対強くなるから心配しなくて大丈夫」と言ってやれる場合もあれば、「大学へ行っても強くなれないよ」と言わねばならない場合もあります。

しかし、いずれにしても、三年生にもなると、たとえば髪を伸ばしたり、ちょっとお洒落をしてみたくなったりする生徒もいる中で、相撲部員たちはその逆なのです。なおさら顔が引き締まってきて、次を目指して自分を律するようになってきます。

そうした彼らを見て、私はいつも思うのです。「三年生になって、みんないい男になったなあ」と……。

さらに、我が校の相撲部員のすごいところは、引退がないということです。彼らは、八月にインターハイが終わり、十月に国体が終わってからも稽古を続けます。三月に卒業してからも、大学の入学式を迎えるまで稽古に来るのが当たり前です。

ですから、大学で教えている先生方は助かると思います。高校の三年間を最後の最後まで目いっぱい稽古に励み、基礎的な力をつけ、身体能力もさらに高めているからです。

◈インターハイ初出場で団体三位の小兵軍団

私が相撲部の監督になって三年目の一九八八年、初めて出場したインターハイで団体三位という成績を収めました。そのときの選手たちの平均体重は九〇キロ。一〇〇キロを優に超える選手ばかりの中で、これはまさに小兵軍団だったといえます。

このときは、あの若貴兄弟の兄である若乃花（花田勝）を輩出した明大中野高校が高校相撲界に君臨していたころでした。

今思えば、このときが私の相撲部監督としての原点といえます。というのは、優勝した明大中野高校に負けないくらい大きなニュースとして、この小兵軍団が取り上げられたからです。

新聞に「小兵軍団大活躍」という見出しが躍っていたことを、私は昨日のことのように思い出します。

おそらくマスコミの方たちは、こんなに小さい部員ばかりの弱そうなチームが頑張るのを見て、どんな子にもチャンスはあると思ってくれたのでしょう。

チームのメンバーは、みな小さくてなぜか真っ黒に日焼けしていましたから、まさに「小兵軍団」という名前がぴったりだったと思います。

しかし、こうした不利な条件があったからこそ、半端ではない稽古量をこなすことになり、それが鳥取城北高校の伝統となっていきました。強くなれた秘密は、逆境の中でもへこたれない「雑草魂」にあると今でも思っています。

カツ丼とラーメンで相撲部に入れられた少年時代の私

私が相撲を始めたのは早い時期からではなく、高校生になってからでした。きっかけは、小学校のときから村の相撲大会に出ていたことでしょうか。私の出身地・石川県は、相撲が盛んなところで、各地で相撲大会が開かれていました。

相撲大会に出場して勝つと景品がもらえるので、それが嬉しくて、よく出場しては景品をもらっていました。しかし、相撲に興味があったわけではなく、もちろん、相撲部にはいるつもりもまったくありませんでした。

当時の私は、相撲よりも野球が好きで、ずっと、甲子園へ出場してプロ野球選手になりたいという夢を持っていました。このあたりは、息子が相撲に打ち込むまえは、少年野球の左腕投手で頑張っていたことにも通じます。

それが相撲部にはいることになったのは、私が入学した金沢高校が、かつての横綱・輪島の出身校だったからです。

もちろん、野球部も甲子園に出たことはあり、決して弱いわけではなかったのですが、この学校で一番強いのは相撲部でした。しかも、学校中で怖い先生として恐れられていた顧問の岡大和《やまと》先生が、私にはとてもやさしい先生でした。

私が小学生のころから少し相撲をやっていたことを知り、相撲部に勧誘してくれたのだと思います。しかし、私は体重が五五キロしかありませんでしたので、高校の相撲部はとてもムリだと思いました。

しかも、野球部からも誘われていたこともあって、やはり野球部にはいりたいと思っていました。

こんなふうに、あれこれ迷っているうちに、なぜか相撲が気になって仕方がないという状態になりました。相撲をやっていると、なぜか胸がキュンと高鳴るのです。それでも、自分が軽量だということを考えると相撲を続ける自信がなく、やはり野球にしようと思って岡先生のところへ断りに行きました。

ところが、野球部にはいることを理由に断りに来たことを察したのか、先生は言いました。

「おう、どうした？」
「先生、ちょっと話が……」
「ああいい、ちょっと来い」
ちょうど昼休みだったのでついていくと、先生は校外に出て、隣の食堂にはいってい
きます。そこで先生はカツ丼を二つ、ラーメンを一つ注文しました。誰が食べるのかな
と思っていたら、
「おまえが食べるんだ」
です。思わず「あー、はい」と言ったのが運のつきでした。一生懸命に食べていると、
先生は、
「これ食べてから、俺のところへ来い」
です。「はい」と言わざるを得ません。その返事を待っていたかのように、
「おまえは、これぐらい食べることができるようになったら、すごい選手になるから」
と言って先生は帰っていきました。食べ切るまで帰ってくるなと言われて食べる私に、
ダメ押しをしてきたのが食堂のおばちゃんでした。

「授業が始まってしまう」と必死に食べている私に、おばちゃんは言いました。

「あの先生、すごくいい先生よ」

「みんな怖がってますけど」

「怖い先生かもしれん。でも、ほんとに一生懸命子どもたちの面倒を見て、すごくいい先生なのよ」

「はあ」

ここでおばちゃんに「あなたは何部なの？」と聞かれた私は思わず、

「あの、相撲なんです」と答えていました。おばちゃんはびっくりして、

「え!?　その体で!?　だから先生、こんなに注文して……。そりゃあ食べたほうがいいよ」

と言うので、私は岡先生のすごさを知ったのです。

一方、野球を捨てられない私もいましたし、野球部の監督も私の顔を見て、

「早く来んかい、おまえ何やってるんだ」

「いや先生、行きたいんですけど、相撲が……」

「なに」

「先生からちょっと、岡先生に言ってくれませんかね」

「バカヤロウ、おまえ、あの先生怖いんだよ。教員だって怒られるんだから」

「そうなんですか」

「おまえが自分で言ってこいよ」

「いや、すみません」

結局、おろおろしている状態が六月まで続きました。岡先生からは、家にも電話がかかってきます。

「今日、ご飯何杯食べた？」

「三杯食べました」

「よし、三杯ならいいよ」

しかし、じつは、心痛もあって、一杯も食べられなかったのです。心の痛みはどんどん大きくなっていき、このままではダメだと思って、断る決意をして、先生のところへ行ったそのときです。

いきなり、宇佐大会という全国大会の出場メンバーのリストを見せられました。メンバーは、一年生でものすごく強いという部員を含めて三列、その下に補欠が五人でした。さらにその下に、将来性を見込んで連れていこうというメンバーの名前があって、そこに私の名前がありました。そのとたん、私は、行ったことのない大分県に行ける嬉しさに我を忘れていました。新幹線にも乗れます。

そこで初めて、先輩たちの相撲を見たのです。団体戦で決勝戦まで行ったのですが、一年生の彼は勝ったものの、岡先生が期待していた三年生が負けて優勝は逃してしまいました。優勝したのは明大中野高校でした。

帰りの電車で、私の横に来た先生から「見たか？　勝たなきゃダメだ。勝てば優勝だった。おまえだって強くなれるから」と言われて、私はようやく、相撲部にはいる決意を固めたのです。

◇口惜しがらせて優勝させてくれた相撲部の岡先生

今思えば、体重五五キロしかない私のことを、岡先生はよく見込んでくださったものです。岡先生に教えられたことは、今の私にしっかりと生きています。たとえば、いつも、壁に向かって四股を踏んでいた私は、逸ノ城らが入部してきたとき、同じことをさせました。

壁に向かって四股を踏むことのよさは、うしろが見えないことです。雑念に惑わされることなく、ひたすら無心に四股を踏むことができるからです。相撲では四股に始まり四股に終わるといわれるくらい、四股は大事なことですが、単調な動きなので雑念がはいりやすいのです。

今の私を作ってくれた岡先生の指導を受けて、私は着実に力をつけていきました。その結果が最初に表れたのが、二年生のときの石川県大会でした。

このときの大会では、なぜか強いはずの先輩たちが負けてしまい、私は自分でもよくわからないうちに、ひょこひょこと勝ち進んでいって、決勝まで行き、準優勝することができたのです。

先輩たちをさしおいて準優勝したのですから、私は当然、インターハイに行ける資格

を得たことになりますが、岡先生は、私を出してくれませんでした。先生は私のところへ来て、

「準優勝したけれど、おまえの代わりに、先輩を行かすがいいか」

「いいですよ」としか言えませんでした。しかも先生はこうも言いました。

「でも、来年三年生になって、おまえが負けて後輩が優勝しても、代わりにおまえ行けっていうことはしないからな」

正直にいって、「えーっ⁉」と思いました。ひどい話ですよね。しかし、ここに先生の深慮遠謀があったことに、のちに私は気づくことになります。

私は、口惜しくて、来年は優勝してやる、絶対に文句は言わせないと思い、稽古に励みました。そして迎えた石川県大会。私は、やはり、体格では後れを取っていました。もちろん、五五キロだった一年生のときからは増えて、七〇キロになっていましたが、一年生で一二〇キロあった同輩は、一三〇キロ以上になっていたのです。

しかし、自分をとことん追い込んで稽古をした賜物でしょう。私は優勝しました。先生は、「ほんとに強くなったな」と、自分のことのように喜んでくれました。先生は、岡

私を奮起させるために厳しいことを言ったのでしょう。つまり、「口惜しかったら優勝しろ」という意味だったわけです。

私を相撲の道に引っ張り込む手際もみごとなら、私を口惜しがらせて奮起させる手際もすばらしく、岡先生は、あらゆる意味で優れた指導者でした。強くなるためには、とにかく食べることが必須条件だということも教えてくれました。

三年間で一番苦しかったのが、じつは、この「食べること」でした。先生に食べろと言われた量が食べられず、「さあ、飯食うぞ」と言われると、食欲を失ったものです。

試合が近づいてきて、食べさせられるなと思ったら、その前に一食抜いたことが何度もあります。監督になった私が、生徒たちが同じことをしているのに気づき、叱りつけてしまうのは、このときの反省があるからです。もし、もっとしっかり食べていれば、もっと強くなり、人生が変わっていたかもしれません。

私は、生徒たちに「そんなことをするようでは強くなれないぞ」と言っています。私より強くなってほしいと思っているからです。

◈道場で五か条の教えを唱和させる教え子

鳥取城北高校の相撲部は、おかげさまで大相撲の世界でも名が知られるようになりました。しかし、教え子の中には、もっと違う形で貢献し、活躍している人間もいます。その一つが、地元の子どもたちを集めての相撲指導です。

教え子を指導した私のような人間が顔を出すのもよくないことかと思い、ずっと遠慮をしていたのですが、好奇心にかられてちょっと覗きに行ったことがあります。

そのとき、何よりもびっくりしたのは、子どもたちに五か条の教えを唱和させていたことでした。それは、「相撲は礼に始まり、礼に終わるスポーツです」という前文があり、次の五か条からなっています。

一、挨拶ができるようになること
一、嘘をつかないこと
一、真のスポーツマン、真の勇者になること

一、自分に勝てる人になること
一、人の痛みがわかる人になること

稽古の終わりに、これを指導者に続いて子どもたちが唱和していました。「挨拶ができるようになることー、挨拶ができるようになりまーす」「嘘をつかないことー、嘘をつきませーん」という具合です。

これを聞いて、私は、すごいことをやっているなと感心しました。

最初は初めの二か条で十分だと思いましたし、あとの三か条は意味がわからないのではないかとも思ったのですが、江戸時代の寺子屋のことを考えれば、「意自《おの》ずから通ず」ということがあるのでしょう。寺子屋では「子曰く」で始まる論語を子どもたちに唱和させたわけですが、その意味は大人にも難しいものが多かったようです。

あるいは、会津藩で六～九歳までの藩士の子弟に教えられた「什《じゅう》の掟」は十か条にわたっていますから、五か条ぐらいなら、それほど負担にならず、子どもたちの心にしみ込んでいくことでしょう。

その子どもたちの中に、長男（石浦）がいたことも、私にとってはいい思い出になっています。

長男は、あとでくわしくお話ししますが、親戚の反対を押し切って相撲界に飛び込みました。この五か条の教えが、よい影響を与えていることを願っているところです。

第2章

基本、基本、基本また基本

四股を踏む稽古が、一番相撲を強くする

私が指導した部員たちの中で、古参といえるのはやはり、琴光喜です。初めて彼に会ったとき、これは絶対に強くなると思いました。その根拠は、太ももの太さにあります。開口一番、「おまえの太ももすごいな、絶対これを生かそうな」と言った私が、彼を強くするために何をしたか。それは、今まで誰にも言っていないことですが、彼に一年間、四股を、これでもか、これでもかというくらい踏ませ続けることでした。

じつは、彼はどんな厳しい稽古よりも四股が嫌いで、強制しない限り四股を踏もうとしなかったのです。相撲は強く敵なしという状態だったので、四股など踏まなくてもというおごりがどこかにあったのでしょう。

しかし、四股は強くなるための基本中の基本です。それをおろそかにしていたら、力に任せて勝つ相撲もいずれは頭打ちになることは目に見えています。

四股というのは、ご存じの方も多いでしょうが、腰を落として、ももに手を添え、片足を大きく上げて下ろすという一見単純な動作です。しかし、これは下半身が強くなる

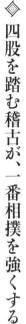

ためにもっとも効果的な方法です。

　というわけで、四股を徹底的にやらせた結果、彼はさらに強くなり、優勝に次ぐ優勝、まさに優勝ラッシュの有様でした。

　逸ノ城から、調子が悪く、出稽古に行けていないと打ち明けられたときも私は言いました。

「出稽古で無理しなくてもいいんだよ。相撲の基本は何だ。四股を踏みなさい。毎日、四股を千回踏みなさい。相撲を取らなくても、毎日千回やるだけで、絶対に強くなるから」

　入幕早々、白星を挙げ続けることができたのは、この基本を忘れていなかったからでしょう。

　自分がなぜ、あそこまで活躍できたのか、いつもその基本を思い出してほしいと思っています。

◈無理な残り方で怪我をしないためにも四股を踏む

モンゴルで逸ノ城に注目したとき、私は彼が遊牧民出身だということを知りませんでしたが、びっくりしたのは、その足腰の強さでした。しかし、足腰の強さに比べて相撲はとても弱く、勝つことはめったにありませんでした。

彼の強そうな風貌と足腰の強さに、「面白いやつを見つけたかな」と思った私でしたが、相撲を取らせてみると最初は負けてばかりでした。「ちょっと待て。そこはこうやるんだ」と言っても、ほとんどできません。

そうはいっても、その足腰の強さは捨てがたいものがありました。寄られたり押されたりしても倒れないのはもちろんですが、彼の場合、投げを打たれても転ばないのです。

遊牧民だったので、乗馬や水汲みなどの日常生活で足腰が鍛えられていたのでしょう。相撲を取る上で、バランスを崩さず、投げを打たれても転ばない足腰の強さは大きな財産です。ですから、彼を見て「えらい足腰をしているな」と思ったのですが、それと同時に、「これはあぶないな。怪我をしそうだな」とも思いました。

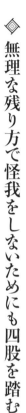

足腰の強さに任せて、残ろう、残ろうとすると、怪我をする可能性があります。やはり、投げられたときには、ちゃんと転がる必要があります。転がらないまま踏ん張ろうとすると無理な体勢になるので、怪我をしないまでも、膝などが受けるダメージは大きく、あとあとまで尾を引くことになります。

そうした基本を一から教えることで、その足腰の強さを相撲に生かすことができると私は思いました。

その第一歩が、繰り返すようですが四股を踏むことです。私は、その足腰の強さを相撲に生かせずに、なかなか勝てずにいる彼に、

「今のままでは勝てないから、もう相撲はやらなくていい。とにかく四股を踏んでおけ」

と言いました。

四股を踏むことは、無理な残り方で怪我をしないためにも必要なのです。それが、基本中の基本といわれる所以《ゆえん》でしょう。

◈強い力士になるための四つの基本稽古

相撲は取らなくていいから四股を踏めと言われて、逸ノ城は、相撲はあきらめて帰れということかと思ったらしいのですが、強くなるためだという説明に納得し、熱心に四股を踏み始めました。

それは、私にとって、「彼を見習え」と同級生たちや先輩たちを叱咤激励する材料になりました。常に言ったものです。

「四股うまいよ。おまえたちわかってるか？　必ずあれは強くなるぞ。おまえたち、よーく見とけ。今のところ四股踏んでいるだけだから、今は負けているけれど、必ず強くなってくるからな。おまえたちも四股を怠けると、あとはなくなるよ。だまって四股を踏んでいる彼に勝てなくなるぞ」

そうなっては、面子《メンツ》にかかわるとでも思ったのでしょう、仲間たちも、より一生懸命四股を踏むようになりました。我が校がさらに強くなるための多大な貢献を、逸ノ城はしたことになるのかもしれません。来日したばかりの逸ノ城は、もちろん日本語がまだよくわからず、自分が他の生徒を叱りつけるための役割を担っていることは知らなかったでしょうけれど。

それにしても、一年間、相撲を取らず四股ばかりの生活によく耐えたものだと思います。おそらく、負けてばかりの自分がずぶの素人であることを自覚したのでしょう。だから、四股を踏み続ければ強くなるという私の言葉を素直に信じることができたのではないでしょうか。ちょっと力を抜くと、「ンッ！」と言って睨みつける私の表情からも、四股の大切さを悟ったと思います。

というわけで、四股は相撲の基本ですが、強い力士になるためには、それだけでは足りません。四股を踏むことで下半身を強くするだけでは勝てないのです。

次に、「すり足」があります。これは、重心を落として腰を低く構え、足の裏を土俵から離さずに前進する動作です。柔道や剣道、空手などの稽古をするときにも基本的な動作の一つで、背骨と足を結ぶ大腰筋が鍛えられるという効果があります。

また、能を舞うときにもすり足は基本動作です。能楽師や狂言師が、年配になっても重い衣装を着て、身軽に舞ったり飛び上がったりできるのは、すり足で筋肉が鍛えられているからでしょう。

次が「てっぽう」です。てっぽうは、鉄砲柱と呼ばれている柱に向かって、左右の突っ張りを繰り返す稽古です。上半身のウェイトトレーニングになり、足運びの習得にもなりますし、腕の力をつけることもできます。逸ノ城もそうでしたが、腕立て伏せが苦手な生徒が増えたので、これも不可欠の基本稽古になっています。

鉄砲柱だけでなく羽目板に向かって行う場合もありますが、大阪や名古屋、福岡の大相撲本場所開催会場には、これを禁止するための「テッポウ厳禁」という紙が貼ってあります。

その理由は、てっぽうをすると、仮設の観客席に大きな振動が起き、事故になるかもしれないからです。てっぽうという稽古のすさまじさがおわかりいただけると思います。

そして、最後が「股割り」です。これは、左右の足を広げることで、下半身の筋肉や関節が柔軟になり、動ける範囲が広がります。外国人力士がもっとも苦手にしているものので、高見山がつらくて涙を流したとき、「目から汗が出た」と言ったという有名な話があるくらいです。

これら基本訓練ののちにやるのが「ぶつかり稽古」です。これは、稽古場風景がよく放映されるのでご覧になることが多いと思いますが、土俵に上がって、人を相手にぶつかる稽古です。動きのある相手ですから、臨機応変の動きが要求され、反射神経を養うことができます。

◈上半身に力をつけるのは下半身より簡単

私が逸ノ城に一年間も四股を踏むことばかりさせたのは、足腰の強さを相撲に生かすためでしたが、それはなかなか難しく、時間もかかりました。一度、予選に出場させたのですが、一回戦で敗退したのも、まだ相撲で勝てる下半身の力がついていなかったからでしょう。

下半身に比べれば、上半身に力をつけることは比較的簡単です。たとえば、二年生になったとき、彼は、初めて先輩たちの強さを目の当たりにしました。団体戦に出場させたのです。

その試合で先輩が勝ってくれたおかげで、三対二で優勝はしました。しかし、彼は、ずいぶん頑張ったのですが、埼玉栄高校の選手に負けました。彼は、先輩の強さを見て、これが、鳥取城北高校の力だなと思ったことでしょう。

日本人の部員たちは、彼が来たために、レギュラーを取られるのではないかと思って必死になっていましたから、ほんとうに強かったのです。

こうして、先輩や同輩の強さを知った彼に、私は、夏休みが始まるころ、「本格的に試合に出られる三人の中に加えるから」と言いました。もちろん、今までのレギュラーが補欠になるわけなので、彼は、競争の激しさを同時に知ったと思います。

じつは、大会出場者の数は大会によって異なり、選抜高校相撲の金沢大会、十和田大会、宇佐大会は三人、夏のインターハイと国体は五人となっています。三人出場の大会は、二人負けたら敗退という厳しいものなのです。

逸ノ城は、五人出場の夏のインターハイが終わって、次の十和田大会に出場しました。彼は、この試合の個人戦で優勝し、一気に名前が知られることになりました。城北にすごいのがいるというわけです。

優勝できたのは、もちろん、一年間の四股のおかげですが、それに加えて、上半身の力をつける稽古を始めていたからです。

差し負けしないようにするためには、上半身を鍛えなければなりません。

腕立て伏せやダンベル体操などのウェイトトレーニングをたくさんやることで、彼の上半身はみるみる強くなっていきました。下半身の強化には四股を踏むことぐらいしかありませんが、上半身を強くする手段はたくさんあります。

こうした稽古により、下半身、上半身ともに、バランスよく鍛えられた逸ノ城は負けなくなり、次の宇佐大会でも優勝と、連続優勝の快挙を成し遂げることができました。

相撲ほどスタートの遅いスポーツはない

たとえば、プロ野球選手の場合、高校野球で有名になったり、大学を出てからプロ入りしたりと、大人になってから発掘されるように見えます。一方、相撲の場合は、中卒で入門する場合もありますから、かなり早い時期に才能を見出されて入門すると思われているようです。

ところが、じつはこれは大きな勘違いであって、私は、逆に相撲ほどスタートの遅いスポーツはないと思っています。

たとえば野球の場合、リトル・リーグなどで、早くから才能を発揮している場合が多く、その才能を高校、あるいは大学まで維持し続けた結果プロ入りする流れになっています。

つまり、早い時期から、スカウトたちの目に留まっているというわけです。スカウトたちは、これらの才能の持ち主が大人になっていくのを見守り続けているのでしょう。

もちろん相撲の場合も、かわいらしい小学生のわんぱく相撲などが各地で開催されています。小学生横綱も多く誕生しています。ところが、小学生レベルでの相撲は、体が大きいだけで勝っているケースも少なくないようです。全体としてまだ小さくて、まわしがちゃんと取れないために、なかなか相撲らしい相撲が取れません。

それに対して、小学生から中学生を過ぎ、やっと相撲が取れるようになってからの高校生が伸びる率は極めて高く、それで私は、相撲はあまり早くからは芽が出ない競技だと思っているのです。あの大鵬にしても、子どものころは小柄だったそうです。

とくにモンゴル人の場合、大きくなるのが遅く、十八歳ぐらいにならないと大きくなるかどうかわかりません。白鵬にしても、鶴竜にしても、小さかったのがめきめき大きくなっています。

◈力があっても、器用さがなければ相撲は勝てない

前述のように、小学生レベルのわんぱく相撲は、小さい子もよく頑張ってはいるのですが、やはり技術より体格にものをいわせて勝つことが多いようです。

体格がよくて勝っていた子も、伸び盛りの年齢で周囲の子どもも大きくなり、同じ体格になっていけば勝てなくなってくることもありえます。

一方、子どものころ、小さくて体格に恵まれなかった子どもは、勝つために技術を身につけます。たとえば、白鵬が一九〇センチ以上もあるのに、出し投げを打つことができるのは、体格に恵まれていないころ、そうした技術をしっかり身につけたからです。

これまで日本人の大型力士で、出し投げを打てる人はいませんでした。二メートル近くあった元大関・貴ノ浪が出し投げを打つシーンを見たことはありません。彼が、横綱になれなかった原因はここにあるのではないでしょうか。

鶴竜や日馬富士にしても、前褌《まえみつ》を取ったり、出し投げを打ったり、相手の足を取ったり、いきなり腰を沈めて相手のふところに飛び込んだりと、白鵬同様、多彩な動きで相手を翻弄します。

彼らは、いずれも入門時はもっと小さかったのです。いろいろなことをやらなければ勝てないので、これだけの技を身につけ、大きくなってからもそれを駆使できるから強いのでしょう。

高校生ぐらいの年齢になってから勝てるようになる人間は、概して、それまでは体も小さく、相撲も弱いのです。それでも相撲が好きで、頑張って続けてきた子どもが、十八歳ぐらいから急に大きくなったときに強さを発揮するわけです。

逸ノ城が我が校に来たころ、まったく勝てなかったのは、遊牧民としての生活で強くなった足腰に頼っていたからでしょう。

そんな逸ノ城が一番頑張らなければいけないときに、「差す」ことを教え、「抱えたらダメだ」と言い続けました。差すことを一生懸命覚えたことが、必ず彼の身になっているはずです。

◈限界以上に自分を追い込める人間は強くなる

私の大学時代の最高成績は、大学選抜七尾大会の個人ベスト8でした。それ以上に上がれなかったのは、やはり体力の差が大きかったと思います。

当時、相撲部の監督は田中英寿先生でしたが、先生は私に「体重が一〇〇キロ以上になったらレギュラーにしてやる」と言いました。

そして先生は、

「太り方を教えてやろう。ご飯に酒をかけて食べるんだ。夕食に、ご飯を腹いっぱい食べて、さらに寝る前に酒をかけたご飯を食べると太れる。自分は、そうやって大きくなったんだよ」

と言いました。私は、お酒は好きなほうではなかったのですが、言われたとおり、一か月やってみました。しかし、太れませんでした。

今思えば、太れなくて当然です。私はお酒をかけたご飯を一杯しか食べませんでした。太るには、「もうこれ以上は食べられない」という限界を超えて、二杯も三杯も食べることが必要です。

つまり、相撲では、食べて太ることも稽古であり、私には、限界以上に自分を追い込む力がなかったのでしょう。

高校時代は岡先生に、そして大学では田中先生に、「食え、食え」と言われ続けて、限界以上に食べることが強くなる秘訣だと知った私は、今、教え子たちに同じことを言っています。

「朝飯終わったら、おにぎりを作って持っていっていいよ。昼までに腹が減ったら食べろ、いや、腹が減らなくても食べろ」

それを一週間言い続けて、一人ひとりに聞いてみました。

「やっているか？」「はい！」「いつも何個おにぎりを持っているんだ？」

答えはほとんど「一個」です。しかも、よくよく聞いてみると、おにぎり一個を食べるために、朝ご飯を三杯から一杯に減らしているのです。朝ご飯は二杯、おにぎりは二個と答えたのは一人だけでした。そこで私は言いました。

「先生が言ったのは、まずめいっぱい食べて、それは二杯でも三杯でもいいんだ。目いっぱいもう食べられないと思うくらい食べて、そしてなおかつ、おにぎりを持ってきて、それを我慢して食べるということだ。

そうやって限界以上にやれる人は強くなる。自分の限界を自分で決めるようなヤツは絶対に強くなれない。だから、これ以上食べられないと思っても、さらにおにぎりを食べるヤツが一番強いんだ。

お腹がすいてるときに食べたって、強くはなれない。もうできないと思っても、やって、やって、振り返ったらできていたというときに日本一になるんだ」

このことは、すべてに通じるものです。たとえば、腕立て伏せです。一〇〇回しかできないと思ったらそこで終わり。

二〇〇回が三〇〇回、三〇〇回が四〇〇回になり、五〇〇回になって、もうダメだというところまでやってからの五〇一回、五〇二回が大事なのです。限界以上に自分を追い込んでの一回、二回で力がつくのです。それができる人間だけが強くなれます。こうした嘘のない稽古が重要なのです。

たしかに、体格については、舞の海など技巧派といわれた力士はいます。平成の牛若丸といわれて、土俵上では四股名のとおり、華麗な姿を見せてくれました。しかし、今は、幕内力士の平均体重が一六〇キロ以上になっています。

残念ながら、そのすさまじい破壊力の前では、小兵力士が勝てるチャンスは非常に少なくなっています。体重を増やすことも稽古であるという現実は否定できないものがあるのです。

◈上田幸佳から始まった女子相撲の人気

我が校の女子相撲の草分けである上田《うえた》幸佳《ゆか》は、とてもおとなしい生徒でした。

私が、小学生の頃の彼女の恵まれた体格を見て、「相撲をやってみないか」と声をかけたとき、「えー！」と言いながらも関心を示したのは、自分の可能性を広げようと思ったからではないでしょうか。

もちろん、思いがけない誘いだったとは思います。当時は女子相撲など、まったく注目されず、「どうして女が？」と奇異の目で見られていたからです。しかし、その意外性に興味を持ったのでしょう。

「相撲やってみないか？　君ならやれると思うよ」

との私の誘いに、彼女は少年相撲教室に通い始めました。男の子だけの教室でしたが、頑張って通っているうちに、やがて相撲の魅力にひきこまれていったようです。土俵の外に出されるか手をついたら負けという、勝ち負けのはっきりしたところがよかったのかもしれません。

何はともあれ、一生懸命やりだして、男の子に勝つようになって、だんだん注目されるようになりました。みんなから「ほう、すごい」と認められるようになったとき、人の見る目がすっかり変わってきました。

それで、中学で相撲部に入り、我が校の卒業生でその中学の教員が一生懸命指導した結果、彼女は頑張って、全日本大会に出て優勝してしまったのです。社会人も大勢参加する大会でしたから、これはまさに快挙でした。

それ以来、いろいろな女の子たちが相撲をやるようになったという気がします。今、女子相撲の人気はすごく、人口はびっくりするくらい増えています。

我が校に入学後、彼女は当然のように入部してきました。もちろん女子部員は彼女だけ。女子部員に対するケアが必要です。最初は妻に頼んでいたのですが、一人だけの部員では競技に差し支えます。

すると、目の前に、美田萌《みためばえ》先生という女性の先生がいたのです。先生にとっては降って湧いたような災難だったのでしょうが、

「先生、相撲やってみない？」

「私が？」

「気持ちいいよ。ストレス解消になるし」

美田先生も、さすがに一人では承諾しなかったと思います。しかし、上田というおとなしい生徒がやっています。それを見て、「やってみようかな」ということになりまし

た。私は、気が変わらないうちにと思って、まわしをすぐにプレゼントしました。

二人でまわしをつけて、相撲の経験では先輩の上田が教え役です。二人でコミュニケーションを取りながら稽古している姿を見るのは嬉しいものでした。

ちなみに、上田に関心を持った人がいて、彼女の生い立ちを本にして出版しています。体が大きかったために嫌な思いをしたことやいじめられたこと、相撲に救われたことなどが書かれています。私も読みましたが、彼女を相撲に誘ってほんとうによかったと思いました。

上田は卒業後、大学に進んで相撲を続け、教員免許を取り、今は中学生の女子相撲部を見てくれています。

今、私が夢見ているのは、相撲がオリンピック種目になることです。そのためには女子相撲の発展が必要です。日本だけではなく、モンゴルをはじめアジア諸国やヨーロッパやロシアにも広がっているのです。世界中で女子相撲が広く普及する日も近いと思います。

◇あきらめなければチャンスは巡ってくる

私は、長い間、相撲を指導してきました。長く続けてこられたのは、相撲そのものを愛しているというよりも、相撲を通じて、子どもたちが立派な人間に育っていくことが嬉しかったからだと思います。

「相撲をやったおかげで……」と感謝されるとき、教育者としての私が認められたような気がします。

強い弱いにかかわらず、相撲部に入部してくる子どもたちの動機は他愛のないものが多く、毎日相撲をやっていたからとか、体が大きいからとか、太っているから相撲しかないと思った、などいろいろです。

しかし、これらの動機は、相撲をやるには、貧弱な根拠でしかありません。太っているから相撲をするのではなく、相撲をやっているうちに太っていくのです。モンゴル相撲が盛んなモンゴルでは、大きく太っている子が相撲を取るというイメージはありません。

私は彼らに、そういうことではない相撲のほんとうの魅力を教えてあげたいと思います。稽古を重ねていくなかで相撲の素晴らしさを知ってほしいと思って、指導をしてきました。

相撲は、勝ち負けが単純なほどはっきりしたスポーツですが、じつはとても奥深いものがあります。神代の昔から、神に捧げるためにやってきたという長い伝統があります。

そして、もう一つ感じてほしいのは、「自分たちはやればできる」「あきらめなければ絶対、自分にもチャンスは巡ってくる」ということです。最初から、「あいつならできるけれど、おまえにはできないよ」ということは一切ありません。

もちろん、そうであるだけに、厳しさもあります。しかし、一生懸命さは伝わるものですから、団体戦に選ばれなくても個人戦には出られるでしょう。そのチャンスをものにできるかどうかは本人次第。負けてしまうかもしれません。

しかし、相撲の奥深さを知り、あきらめないという精神が身についていれば、どんな道を選んだとしても、めげずに進んでいくことができるはずです。

第3章

親孝行と自立のすすめ

◈強くなる力士は太ももの太さでわかる

逸ノ城が入部してきたころ、彼は、今の体からは想像できないほどやせていました。でも私は彼の太ももの太さに惚れこみ、これを鍛えれば間違いなく強くなると思いました。

彼を育てていて、これは間違いなく相撲がうまくなるなと思いました。その根拠は逸ノ城のまえに琴光喜を育てた体験にあります。琴光喜は間違いなく、横綱になると思っていました。

彼は、逸ノ城のような足腰の強さに加えて、相撲が誰よりもうまく、白鵬も朝青龍《あさしょうりゅう》も、彼の相撲を見て研究したと聞いています。

強くなる力士は、いい先輩力士のマネをするものですが、二人が強くなったのは、琴光喜というまい先輩がいたからにほかなりません。

とくに、琴光喜がうまかったのは、下手を切ることです。下手というのは、相手のまわしを取るときに、相手の腕の下からまわしをつかむことをいいます。右四つは、右手を相手の左腕の下に差し入れた場合、左四つはその逆で、すなわち組み合ったときの体勢です。

逆に、相手の腕の上からまわしを取ることを上手といいます。この上手を取られたとき、それを切る、すなわち外すことは難しいことではないのですが、下手を切るのは難しく、それだけで勝負の行方が決まってしまうことが多いのです。

琴光喜は、相手の下手を切るのがピカイチといっていいくらいうまかったのです。

琴光喜は愛知県出身で、小学生から相撲を始め、我が校に入学後、二年生のとき高校横綱になりました。大学に進学後、研鑽を積んで数々のタイトルをとり、さらに才能を伸ばしました。

大相撲にはいってからは、最初は負け知らずでしたが、やがて怪我に泣かされて何度か上がったり下がったり。何度目かの挑戦で、大関になりました。これは史上二位のスロー昇進でしたが、私は、必ず横綱になる逸材だと思っていました。

その後、相撲界を去った彼ですが、右四つが得意で、スピード感のあふれる取り口は、相手を弾き飛ばすほどの強さがありました。作戦面でも優れていて、同じ部屋だった琴欧洲は、彼の助言を受けられなくなってから相撲が下手になったとさえいわれています。性格的にも、素直でやさしく、ライバルになった後輩の朝青龍や白鵬にも、惜しみなく助言していました。そういう意味でも、私は残念な気持ちで一杯です。

◈「城北で学ばせたい」という白鵬の父の親心

鳥取城北高校では、逸ノ城に出会うまで、モンゴルからの留学生はすべて、ウランバートルと中央県出身者でした。鳥取県に砂丘があり、モンゴルにも砂漠があるということで、中央県と鳥取県が姉妹提携していました。

そこで、鳥取県では、中央県に人を派遣して、井戸を掘ったり、鳥取大学の農学部の協力で野菜づくりを応援したりしてきました。城北高校も、彼らを受け入れて勉強させています。

この中央県出身の白鵬のお父さんに会ったのは、初めてモンゴルへ行ったときでした。

白鵬のお父さんは私に会うなり、

「先生、私は、自分の息子を日本の相撲部屋に入れました。でも、それをすぐに辞めさせて、先生のところへ入れてもらえませんか」

と言いました。しかし私が、

「新弟子検査を受けたんですか」

と聞くと、受けたと言うので、それは難しいとお答えしました。大相撲には規則があり、一度弟子入りした人間は辞めると、その段階で廃業とみなされ再び弟子入りすることができないからです。

そのとき、中央県のトップクラスの役人だったお父さんは、モンゴル相撲の大横綱で、レスリング・フリースタイル選手でもありました。一九六四年以来、オリンピックに五大会連続出場し、一九六八年のメキシコシティでは銀メダルと、モンゴル初のメダル獲得者として国民的英雄になりました。

白鵬が日本に来るちょっとまえから、旭天鵬《きよくてんほう》や旭鷲山《きよくしゆうざん》、少し遅れて朝青龍と、モンゴルから多くの子どもたちが大相撲を目指して来日し、それぞれ活躍していたので、白鵬のお父さんも息子に夢を託したのでしょう。

それで、日本の大相撲に入れたいと思ったようですが、英雄の息子らしく、そのまえに勉強をさせたかったようです。

お父さんは後悔されていましたが、私の力でどうなるものでもなく、せっかくの申し出を断ることになってしまいました。普通の学校生活を送らせたかったというお父さんの気持ちがわかるだけに、残念な気もしているところです。

◈モンゴル相撲には土俵がない!?

このように、姉妹提携しているという縁があって、交流会長に誘われた私は、一九九五年に初めてモンゴルの地へ足を踏み入れました。おまえもモンゴルの子どもに相撲を教えたらどうかと言われたからです。

私も、一生懸命やる子どもがいれば、日本の子どもたちにもいい影響を及ぼすから、ぜひ行かせてくださいということになりました。

モンゴルのウランバートルまで飛行機で行き、そこから中央県へ行って、私はそこで初めてモンゴル相撲を見ました。

そのとき、ウランバートルの子どもは誰もいなくて、中央県の子どもたちが百人集まっていました。トーナメントですから、試合数は合計で九十九回、それを、数か所の会場で二日間かけてやるのです。

初めてモンゴル相撲を目の当たりにしたわけですが、子どもたちも私を見てびっくりしたようです。「あれは何者か？」と思ったのではないでしょうか。


ここで、モンゴル相撲について少しご説明しておきたいと思います。

モンゴル語で「ブフ」と呼ばれるモンゴル相撲は、起源が紀元前三世紀といわれるほど昔から伝わる伝統的な格闘技です。「馬を速く走らせること」「力強く組み合うこと」「弓を射ること」の競い合いから生まれたとされています。

また、日本の相撲のように、神事としての要素もあり、同時に軍事訓練的な要素もあるようです。

日本では、相撲と似ているのでモンゴル相撲といっていますが、ヨーロッパでは、レスリングに似ているということで、「モンゴリアン・レスリング」と呼ばれています。

モンゴルでは、年に一回開催される民族的祭典、国家ナーダムでの催し物の一つになっています。

時代とともに、プロスポーツ化されてきましたが、神事的な要素が残っている点でも、日本の相撲に似ています。

ブフには、大きく分けて、モンゴル国で実施されている「ハルハ・ブフ」と、中国・内モンゴル自治区で実施されている「ウジュムチン・ブフ」の二種類があります。朝青龍のお兄さんや白鵬のお父さんは「ハルハ・ブフ」、蒼国来《そうこくらい》は「ウジュムチン・ブフ」の流れを汲んでいます。

いずれにしても、日本の相撲との大きな違いは、土俵がないことです。

ウジュムチン・ブフ（内モンゴル）

かつては、何組もの取組を一人の行司役が判定していましたが、最近は、一試合に一人の行司がつくようになりました。足の裏以外の部分が先に地面についてしまったほうが負けになります。

手で相手の下半身に技をかけたら反則ですが、足で技をかけるのはＯＫです。柔道のように、組み手争いから始めます。一九八四年から女子の試合も行われています。

なお、日本のように番付はなく、長年優秀な成績を残したり、三回以上優勝したりした選手に「ジャンガー」という首飾りが授与されます。

ハルハ・ブフ（モンゴル国）

取組をする力士それぞれに、一人の行司がつきます。付き添った選手にアドバイスが許されているので、行司役であると同時にコーチのような役割もあります。

ひじ、ひざ、頭、背中、お尻のどれかが地面についたら負けです。ただし、掌がついても負けにはなりません。

土俵がないので、押し出しやつり出しで勝負が決まることはありません。ただし、足取りは認められていますから、足をつかんでの投げ技で勝負が決まることが多いようです。こちらも番付はなく、優勝者に称号が与えられます。

◈モンゴルと鳥取の強く温かい交流

というわけで、鳥取県と深い縁のあるモンゴルの中央県へ行った私は、三人の子どもを初めて城北高校の相撲部に迎え入れました。そして、もう一人、トヤさんという女性に来てもらったのは、彼女に通訳役を頼むためでした。

彼女は、日本でいえばNHKのようなところに勤めている人の娘で、小さいときから日本に留学していたので、日本語が達者だったのです。鳥取県にも何度も来ていました。とても優秀な女性で、日本語検定二級も取っていました。

私たちは、彼女の存在に非常に助けられました。おかげで他の三人とのコミュニケーションもよく取れました。

その三人のうちの一人は、今、城北高校の教師になっています。彼も大相撲に行きたかったのですが、体が小さくケガも多かったので、プロへの道は断念しました。

その代わり、鳥取に残って、これから盛んになるであろうモンゴルとの交流に貢献する道を勧め、鳥取県の体育協会に就職することができました。

県としても、モンゴルとの交流を大事にしているので、いろいろ配慮してくれ、本校の教師（助教諭）になって、コーチとしても頑張ってくれています。

レンツェンドルジ・ガントゥクスという名前なので、通称「ガンちゃん」と呼ばれ、親しまれています。

あとの二人は、大相撲に行って、十両、つまり関取になりました。城北高校から大相撲入りしたモンゴル人は、みな関取になっています。

もっとも、以前は断然トップだったモンゴルにおける相撲人気は、今、少しだけかげりを見せています。レスリングと柔道に力を入れ始めたのです。とくに、二〇〇八年の北京オリンピックで、モンゴルの柔道選手が日本の鈴木桂治選手に双手刈《もろてが》りで勝ち、金メダルを取ってから、急に人気が出るようになりました。

相撲はオリンピック種目ではありませんし、体が大きくないと不利ということがあるので、大きくなるのが遅いモンゴルの子どもは、どうしても柔道やレスリングに目を向けてしまうようです。

◈十八歳くらいから一気に大きくなるモンゴルの子

前項で述べたように、まず三人の子どもを育てて、彼らが卒業したあと、またさらに何人かの生徒をモンゴルから迎え入れています。

しかし、彼らが在学中、相撲の大会で活躍したかといえば、必ずしもそうではありません。彼らは、意外に大事なところで負けています。彼らが勝っていたら優勝できたのにということもよくありました。

たとえば、今は幕内力士になっている貴ノ岩も入学してきたときはとても弱くて、なかなか勝てませんでした。他の子たちも同様で、来たときから強い子はほとんどいません。

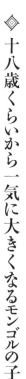

勝てない理由は、何といっても体格です。みんな、体重も軽くて、一〇〇キロなどとんでもない、ほとんど、七〇キロか八〇キロぐらい、よくて九〇キロぐらいしかありませんでした。「相撲をやる気があるのか?」と言いたくなるくらい小さいのです。

なぜ、一様にみな細いのか。長年、彼らを見てきてわかりました。それは、モンゴルの子どもは、なぜか、十八歳くらいから急激に大きくなるということです。

体格から「この子はよさそう」と思って年齢を聞くと、大抵十八歳なのです。「あなた十八歳でこんな大きいけれど、小さいとき、小学校のときどうだったの？ 十五歳のときどうだったの」と聞くと、やはり大きくありません。

彼らは、十五歳を過ぎて、十八歳ぐらいから一気に大きくなるのです。二十歳を過ぎてから大きくなる場合もあります。白鵬にしても、入門時は小さく、新弟子検査でもぎりぎりの合格だったそうです。

◇モンゴル出身の力士は100%関取になっている

まえにもお話ししたように、大相撲では、十両になって関取と呼ばれるようになれば、力士として成功したことになります。

そういう意味で、私が育て、十分やっていけると思って送り出したモンゴル出身の力士が100%関取になっているという事実は、誇っていいことだと思っています。

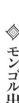

関取になれば、一気に月百万円余りの高給取りになるので、経済的な面でも大成功を収めたことになります。モンゴルでいえば、一年分か二年分くらいの収入になるのではないでしょうか。

関取まで行けば、相撲界では出世したことになるので、引退しても、彼らにはそれなりの道が開かれています。二人ほどが引退しましたが、それぞれ、日本とモンゴルの架け橋役を務めています。

たとえ相撲界を離れても、この肩書きは勲章になると思います。

たとえば、星風という力士は、格闘家として生きていく道を選びましたし、もう一人はビジネスマンとして、医療関係の仕事でモンゴルと日本をつなごうとしています。

大相撲は非常に厳しく、入門して間もない力士を教育するための相撲教習所でも、一切通訳はなしで、日本語のみの授業です。外国人力士が、日本語を上手にしゃべるのは、こうした取り組みのおかげもあるでしょう。

したがって彼らは、嫌でも日本語に堪能になり、引退してからも困ることなく、日本社会で生きていけるのです。日本に来た外国人力士が、失敗することがほとんどないのは、このことがずいぶん寄与しているのではないでしょうか。

◈朝青龍はハングリー精神と闘争心の塊

最初のうちは、相撲部を強化したいと思って、モンゴルからの生徒を受け入れてきました。すでに、モンゴル出身の力士が名をあげ始めていたからです。モンゴルの子どもを育ててみたいと思ったわけです。

一時期は、必ずしも強くはないモンゴルの子どもを引き受けるのはやめようと思ったこともありましたが、そう考えつつ受け入れてきたのは、彼らが日本の高校生たちに非常にいい影響を与えてくれるからです。

彼らはみな、素直で、一生懸命取り組みます。これは、今の日本の子どもたちに欠けていることというか、「ここまでやる子がいるだろうか」と思わせるほどです。それを、日本の子どもたちに学んでほしいという気持ちでした。

常々言っている「本気になれ」「本気になってやるのか、やらないのか。どうなんだ」という言葉も、素直に聞いてくれます。うわべだけで聞いているのではなく、「一生懸命食べて、もっと太れ」と言えば、一生懸命太ろうとします。

そういう一生懸命な姿を目の前で見せて、日本の子どもたちにやる気を出させてきました。私は、そこから強い城北高校相撲部ができたと思っています。

モンゴルから来た子どもたちは、レギュラーが取れるとか取れないとかいうことではなく、ハングリー精神を持ち、親のことを人一倍思っています。

自分をこうして日本に送ってくれた「親のため」に、強くなって親を楽にしてやりたい、その一心で励みます。同じ「親のため」でも、日本人にはときどき、「親に言われたため」というケースが見かけられます。

モンゴルの子の、親に甘えるのではなく、何としても親に恩返しができるまでは帰らないというハングリー精神が、半端ではない闘争心を生むのでしょう。

たとえば朝青龍です。まさにモンゴルから出てきて、ただでは帰らないというハングリー精神と闘争心の塊でした。

彼が出稽古で琴光喜に当たるのを見たことがありますが、その闘争心にはすさまじいものがありました。琴光喜が嫌がるほど、負けても負けても向かっていくその必死さは、半端なものではありませんでした。

◈モンゴルへ帰っても一人で生きていけるように育てる

日本の子どもたちには、ややもするとこのハングリー精神や闘争心の前に、「計算」が働いてしまうことがあります。ここであんまり稽古を激しくやると、あとに差し支えるから、そこそこにしておこうなどと思ってしまいがちなところがあるようです。

私は部員たちによく言います。

「命をかけていくくらいの根性がないとダメだ。次の稽古のことを考えると、あまり疲れないほうがいいからやめておこう、というような稽古はするな」

これも「嘘のない稽古」の一面です。

プロになったモンゴル出身者がみな関取になれるのは、日本の子どもたちとは違う必死の思い、「親のため」から来るハングリー精神と闘争心で、城北高校相撲部伝統の厳しさに耐えて、稽古に励んだからでしょう。

小さくて弱い彼らを、「十八歳になれば大きくなって強くなる」と信じて、「大相撲の稽古も、城北の稽古に比べたら楽なものです」と言わせるほど、私は彼らに厳しく接してきたつもりです。

さらにいえば、城北高校の相撲部は、あくまで部活の一つです。希望する人間は誰でも受け入れるのが原則です。

私は、モンゴルの子どもを引き受ける場合でも、将来力士になれるかなれないかという観点で選んだことはありません。モンゴルに行っても、広く募集したわけではなく、百人くらいの希望者の中から選びました。

しかも、基準はプロになれるかなれないかではありません。選んだ子には、モンゴル相撲で強い子どももいれば、弱いけれど、育てたら面白そうだなという子もいました。

第一、モンゴル相撲には土俵がないので、押し出しや寄り切りはありません。そういう意味で、日本の相撲で強くなるかならないかは白紙の状態といっていいでしょう。

私が、彼らを引き受けるにあたって考えたことは、ただ、日本語をしっかり教えて、モンゴルへ帰ったとしても、ちゃんと一人前に生きていけるように卒業させてやろうということでした。

私にあるのは、普通の子どもたち、日本の高校生と同じように育てようという普通の感覚でした。

◈日本の子とモンゴルの子が一緒に学ぶ相乗効果

一人前の人間になるのにもっとも大事なことは、本気になることです。相撲の試合の場合でも、本気にならなければ相手に失礼でしょう。

私の稽古が厳しいのは、本気を出させるためです。「ここが勝負だ。今、ここでやらないと、一生、いい加減な人生を歩むことになるぞ」と言って、激しい稽古をさせています。

その成果は、下級生と三年生を見比べればすぐにわかります。「こんなに弱いの？」という印象の下級生ですが、三年生になると、逞しくなり、風格が出てきます。

下級生は、そういう三年生を見て、彼らに負けまいと一生懸命です。一年生が三年生に負けて口惜しがる様子は半端ではありません。私は、それを見るのが、じつはとても好きです。

終わったときにどんな顔をするか。負けても仕方がないと思うか、「こんちくしょう！」と思って、もう一度ぶつかっていくか、一人前の人間になるかならないかの分かれ目です。

このことに関しては、日本人だろうがモンゴル人だろうが同じだと思います。ですから、そういう感覚を、みんなに植えつけてやりたい、そういう意味では、モンゴルの子どもたちの持ち前の闘争心は、日本の子どもたちにプラスになるはずです。

たとえば、「モンゴルの子どもたちは日本に来て、日本人から勝つという恰好のいいシーンを取り上げている」と言った人がいます。彼らは、日本に来て幸せになったかもしれないけれど、日本の子どもは損をしているではないかと言います。

しかし、城北高校相撲部では、そういうことは一切ありません。逆に、彼らを受け入れたことの相乗効果で、みんながよくなっているというのが私の見方です。

さきほどいったように、彼らの親に対する愛情や感謝する気持ちは、日本の子どもたちが大いに見習うべきでしょう。さらにいえば、彼らは、深く祖父母を敬愛しています。ちょっと大げさですが、まるで天皇陛下に接するごとくといいたくなるくらいです。

モンゴルの子どもたちの親は、自分の親たちをとても大切にします。だから子どもたちは、「おじいちゃんやおばあちゃんはすごい人だなあ」と思うことができるのでしょう。そういう姿は、日本の子どもたちにいい影響を与えるにちがいありません。

子どもの世界は、大人の社会を映し出す鏡です。

◈モンゴル人も日本人も同じ学び舎の仲間

繰り返すようですが、私が相撲の稽古で厳しくするのは、強くするためではなく、人間として成長してほしいからです。相撲の試合で優勝したとしても、それはあくまで結果にすぎません。

ですから、挨拶や掃除など、相撲とは無関係なことも一生懸命にやらなければいけません。相撲だけやっていて、他のことをおろそかにしていたら、いつかはバレます。

前項で、モンゴルの子どもたちが日本の子どもたちにいい影響を与えているといいましたが、じつは、モンゴルの子どもたちには、逆に、「相撲さえ強ければそれでいいじゃないか」と思ってしまうところがあるようです。

そこは、やはり日本の子どもたちを見習ってほしいところですし、私も厳しく叱っています。

ともすると、モンゴルの子どもたちは、「自分たちよりも、日本人が大事にされている」と思いがちです。そんなことはないと思わせるのは難しいのですが、やはり、同じに扱っていることを感じてもらうためにも、厳しくすべきところは厳しくするのがいいと思っています。

モンゴル人も日本人も、同じ学び舎の仲間だからです。「外国人だから、ここらあたりが限界で、これ以上のことを言ってもムリだろう」と、甘い扱いをするのは、逆差別といっていいでしょう。

私は、仲間意識を高めるために「一緒に住む仲間なんだから、早く日本語を覚えなさい」と厳しいことも言っています。

もちろん、そこまでやるには、お金もかかります。相撲部の後援会からの寄付などでまかなっていますが、経済的には厳しいところもあります。しかし、日本の子どもたちをよくすることであれば、それだけの価値があると私は思っています。

第4章

一生役に立つ負けん気を養う

両親の願いは「人から愛される人になってほしい」

逸ノ城が遊牧民だということを知ったのは、どこに住んでいるのかと聞いたときでした。「遊牧民？」「今どき、いるの？」「移動生活をしているの？」という言葉が次々と出てきました。

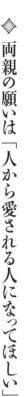

「家で何しているの？」と聞くと、水汲みと答えます。家畜に飲ませる分もありますから、水汲み場と家を何往復もしていたと思います。

というわけで、彼の周囲にあるものといえば、一番のごちそうの羊と大草原。狼に襲われることもあるという、まさに野生の生活だったそうです。

このように、強くなるかならないかは未知数ながら、興味を持った私はご両親に、彼を日本に連れていきたいと申し出ました。お父さんは、水汲みができなくなることを心配した私に「私がやるし、弟もいるから」と言って嬉しそうに頷いてくれましたが、お母さんは寂しそうだったことを覚えています。

三か月後、来日した彼を見て、私はまたまたびっくりすることになりました。わずか三か月で、身長一八五センチ、体重一三五キロと、ぐんと大きくなっていました。

おそらく、強くなるには、大きくなったほうがいいと言った私の言葉を受けて、お母さんが少しでも大きくして日本に送り出そうとしたのでしょう。

私が、このお母さんに感心したのは、のちに日本の新聞記者のインタビューに応じたときの受け答えです。記者が、「逸ノ城は稼いで、お母さんのためにウランバートルに家を買ってくれますよ」と言ったら、次のように答えました。

「私たちは、そういう生活はしたくありません。遊牧民でいいのです。私たちの望みは、息子が人から愛される人になることだけです」

私は、それを聞いて、さすがにいいことを言うなと感心し、安心しました。

日本語ができなければ相撲は不利

こういうご両親に育てられたせいか、逸ノ城の取り柄は、何といってもその素直さです。四股を踏めと言っても、素直に従わず、「自分は相撲をやりに来たのに、なぜこんなことをしなければいけないのか」と反発していたら、あそこまで強くはなれませんでした。

しかし、普段の生活で困ったのは、日本語をなかなか覚えられないことでした。モンゴル語も標準語ができず、おぼつかない有様でしたから、学校へもあまり行っていなかったのかもしれません。

そのために、日本語を覚えるのに時間がかかり、私は「日本語ができないと、帰らなくちゃならなくなるぞ」とよく叱ったものです。

相撲の場合、日本語ができるようになることは、不可欠の絶対条件です。なぜならば、日本語ができないと相撲の指導内容もよくわからず、そのために強くなれず、せっかくの才能も発揮することができなくなるからです。

日本語を覚えさせるために、モンゴル語をしゃべったら罰金を取るなど、厳しく接しました。

その結果、少し時間はかかりましたが、今では、日常会話レベルまでは行っているはずです。こちらの言うことは理解していますので、頑張ったなと思っているところです。

食べ物についても、日本食にすぐなじみ、よく食べました。それを見たときも、「きっと強くなる」と思ったものです。

そして、卒業時、逸ノ城は各種の大会で五つのタイトルを獲得しました。これだけのタイトルがあれば、大相撲からも引く手あまた、私も、卒業してすぐ大相撲に送り出すことを考えました。

しかし、何か躊躇させるものがあり、このまま行かせても、きっと苦労するという予感がして、もう少し私のそばに置くことにしました。大相撲の世界はとりわけ厳しく、プロの水に慣れるのは大変です。

日本語も今いちで、来日したばかりのときのように、何でも「はい」ですまそうとするのではないか、また気の弱いところもあるので、つぶされるのではないかという不安があったからです。

そこで、私はあえて、モンゴル人がいない、したがって日本語をしゃべるしかない場所へ彼を行かせることにしました。まさに「かわいい子には旅をさせろ」のことわざどおり、鳥取県体育協会に送り込みました。

ここでも逸ノ城は、「給料をもらって働くのだから、まだまだ頑張らないとな。モンゴルの人はいないから日本語をしゃべらなければいかんぞ」と言った私に素直に従い、半年間、自転車で通っていました。

この私の目論見は大当たり。彼は、しゃべらなければいけない環境に置かれ、他種目のアスリートとも仲良くなり、すっかり社交的になりました。

そして、三時に仕事が終わると、城北高校で部員たちのコーチをしながら、自分の稽古も怠らずやり続けました。

◈幕下付け出しの資格を得た、初めての外国出身力士

私は、そんな逸ノ城を、「全日本実業団と国体、全日本選手権の三つのうち、一つでも優勝すれば、幕下十五枚目格付け出しで大相撲に入れるぞ」と言って励ましました。当時、あの遠藤がフィーバーしていたときでしたから、「遠藤と一緒になれるぞ」と言うのがずいぶん効果的だったと思います。

幕下付け出しというのは、アマチュアで優秀な成績を収めて大相撲にはいる力士の優遇制度です。その優秀さの度合いで、タイトルが二つ以上なら十枚目から、一つなら十五枚目からと二種類あります。

付け出しになったときは番付には載らず、幕下で相撲を取った成績で、番付に載ることになります。幕下は六十枚目までありますから、幕下十五枚目というのは、かなりいい位置から出発できるということになります。

さて、逸ノ城ですが、最初は実業団の大会に出て、西日本で負けてしまいました。次の国体では、鳥取県は高校生のおかげで優勝したのですが、逸ノ城は五位でした。しかし私は、逸ノ城が高校生を激励している姿がとても印象的で、彼の成長ぶりを見たような気がしました。

鳥取県は、本来相撲の強い県ではありませんでした。先代佐渡ケ嶽親方（元横綱・琴櫻）の出身地ですが、その後、石浦が十両になるまで関取になった人はいません。その鳥取県の優勝に、城北高校が多少は貢献できたのかなと嬉しく思いました。

結局、逸ノ城が優勝して実業団横綱になり、幕下付け出しで十五枚目の資格を得たのは、次の二〇一三年全日本実業団相撲選手権大会でした。

よほど嬉しかったと見えて、彼が泣きながら「先生、優勝しました」と言ってきたときのことは忘れられません。これは、外国人力士として初めて得た資格だったのです。

ちなみに、遠藤は重要なタイトルを二つ取ったので十枚目から出ています。

こうして、幕下十五枚目格から出発した逸ノ城は、二場所続けて六勝一敗、たちまち十両に昇進、関取になりました。私としては、「七戦全勝で、幕下を一場所で通過して十両になれば史上初」と思っていたのですが、それは高望みだったのかもしれません。

そして、いきなり十両優勝で、次の場所も準優勝し、入幕しました。つまり、彼は幕下も十両も二場所で通過したことになるのです。

新入幕の場所では、ご存じのように十三勝二敗で、彼は、三賞のうち、殊勲賞と敢闘賞を受賞し、次の場所で関脇になりました。大相撲は年に六場所ですから、逸ノ城は、入門してから、一年足らずで、二つの賞を授かり三役に昇進したことになります。彼が「三賞って何ですか?」と聞いたのも無理はありません。

こうして逸ノ城と過ごした日々を思い返すと、いろいろな意味で、育て甲斐のある子だったなと思っているところです。ちなみに、逸ノ城という四股名《しこな》は親方がつけてくれたもので、本名「イチンノロブ」のイチに、逸材の「逸」をかけ、それに城北高校の「城」をつけたものです。

教え子同士、二場所続きの水入り相撲

さて、スピード出世をした逸ノ城は、その後、二〇一六年三月場所の十一勝以外、十勝以上の成績を挙げることができず、少々足踏み状態にあります。

しかし、研究されれば勝てなくなるのは当然です。最近は低迷状態から脱出しつつあるようなので、今後の活躍に期待したいと思っています。苦しみながらも大関の座を維持している照ノ富士の存在が、逸ノ城にもいい影響を与えるのではないかと期待するところもあります。

この二人は、ご存じの方も多いと思いますが、同じ飛行機で来日し、城北高校に入学、相撲部でお互いに切磋琢磨しあった仲です。照ノ富士は、一足先に大相撲にはいってい

るという意地もあり、逸ノ城に負けるものかと思って頑張ってきたのでしょう。また、逸ノ城としても、照ノ富士には負けたくないという気持ちが人一倍あるはずです。

それが表れたのが、「はじめに」でも触れた二場所連続の水入りの大勝負です。二場所続けて、同じ力士同士が水入りの相撲を取ったのは、前代未聞の出来事だそうです。お互いに知り尽くしているということもありますが、二人には、今の力士にはない共通点があります。

それは、お互いに「投げ技がきかない」ということです。二人とも投げ技に強く、投げ技をかけられても崩れません。

大抵の場合、投げ技で振り回されたらある程度は崩れていくものですが、あの二人の場合は振り回されれば振り回されるほど、振り回したほうが不利になるという不思議なことが起きます。

逆にいえば、振り回さず我慢していれば不利にはならないわけで、二人がともに我慢していれば、当然長い相撲になるわけです。

たとえば、逸ノ城が琴奨菊《ことしょうぎく》に負けた一番がありました。あれは、逸ノ城が土俵際まで押していったとき、押し切れないと思って焦り、琴奨菊を横に振ろうとしたから負けたのです。振ろうとしたために不利になってしまいました。

照ノ富士の場合は、栃煌山《とちおうざん》との一番で、同じようなことが起きそうになりました。押していって十分になったところで、横に振ったので、勝ちはしましたが、危うい相撲でした。

というわけで、この二人が、自分から振り回しにいかずにじっとしていたら、他の力士が彼らに勝つのは難しいということになります。

◈「勝とう、勝とう」ではなく「負けないぞ」

逸ノ城は、押されて下がると弱いというところがあり、教えるのに時間がかかりました。しかし、照ノ富士は、ある程度完成された形で来日しましたので、私としては指導しやすい部員でした。

もちろん、人間として成長するために、本人が努力しなければいけないところはたくさんありましたが、一番の取り柄は、やはり、負けん気が強いことでしょう。弱音を吐くことはなく、常に「やります」という表情をしていました。

彼には抱える力がありましたから、「差されたら抱えろ」と、逸ノ城には教えなかったことを教えました。もちろん、抱える力を利用するだけでは、どうしても脇が甘くなります。

今まで、これができる力士には、貴ノ浪や把瑠都《ばると》などがいましたが、横綱になった人はいません。そこで、琴光喜がうまかった「まわしを切る」ことも教えました。それがよかったのかどうかはわかりませんが、成長した照ノ富士を見て、私が思ったことは、「負けない相撲を取るようになったな」ということです。

負けない相撲と勝つ相撲の違いは、土俵際で慌ててしまうかどうかです。勝とうとすると、気持ちだけが焦って、結局こちらの力を利用されて負けてしまいます。

照ノ富士が、ときに弱い相手に負けてしまうのは、勝とうとするからです。強い相手ならば、勝つのが難しいことを知っているので、「負けまい」という気持ちでぶつかっていくわけです。

たとえば、けっこういい相撲を取っていた照ノ富士が魁聖《かいせい》に負けた一番がありました。「負けないぞ」と思って、冷静に「よし、来い」という気持ちでやれば、相手に相撲を取らせずに磐石だったのに、「勝とう、勝とう」という気持ちが出てしまいました。

そういう意味で、「負けん気」は最大の長所ですが、ときに落とし穴になることもあります。負けん気に冷静さが加味されれば、「向かうところ敵なし」の状態になるはずです。

◈留学生募集に応募、優勝して日本へ来た照ノ富士

照ノ富士はウランバートルで、鳥取城北高校の主催で行った相撲大会に参加したのが、私との最初の出会いでした。そのとき、彼は優勝し、二位が逸ノ城でした。

あとで聞いたところによると、十七歳になるまでスポーツとは無縁の生活を送り、飛び級で技術大学に合格するほど頭脳明晰な子どもだったといいます。そんな彼がスポーツを始めたのは、一九〇センチもの長身と一〇〇キロを超える体重を生かす方法はない

ものかと考えたからだったようです。

私が指摘したように、モンゴルの子どもは急に大きくなります。その体のもっていき場に困ったのではないでしょうか。

そこで始めたスポーツが柔道でした。彼の親戚が親しくしていた、白鵬のお父さんに相談し、その勧めで柔道クラブにはいっていました。一方その当時モンゴルでは、朝青龍の活躍が話題になっていて、その姿をテレビで見た照ノ富士も相撲に興味を持つようになりました。

なんでも、二〇〇七年に家族で来日したときは、観光もせずに、相撲部屋の稽古を毎日見学していたといいます。

そして二〇〇九年、ちょうど私が再びモンゴルの子どもを受け入れる決意をして、留学生を募集するためにモンゴルへ行ったときでした。そのとき照ノ富士は優勝し、準優勝の逸ノ城とともに、日本に留学することになりました。

大学で勉強を始めた彼に大きな期待を寄せていた両親は、反対したようです。しかし、彼の意志は固く、逸ノ城と同じ飛行機で城北高校へやってきました。

このとき、彼はすでに平仮名とカタカナの読み書きができていて、日本語を教えていたガンちゃんをびっくりさせたのです。来日するにあたって、一生懸命に勉強したのでしょう。

体を大きくしてきた逸ノ城と日本語を習得してきた照ノ富士は、そういう点でも、面白い対比を見せる二人でした。

照ノ富士は、来日してからも人懐こくおしゃべりだったので、同級生ともすぐに親しくなり、やがて不自由なく日本語をしゃべるようになっていました。子どものころは、歌や踊りが好きな目立ちたがり屋で、演劇発表会では主役だったといいますから、もともと社交的だったのでしょう。

そして、高校三年のときは、インターハイに出場し、団体優勝に貢献してくれました。

大相撲に送り出すにあたり、逸ノ城には一抹の不安を抱いた私でしたが、照ノ富士は大丈夫と思ったのは、日本語もうまく、高校生活を順調に送った彼を見てきたからです。

横綱昇進は神様が選ぶもの

照ノ富士は、卒業を控えた年に、二代目若乃花が親方を務める間垣《まがき》部屋に入門しました。ビザの関係で、初土俵は翌年の二〇一一年五月です。同期には、幕下十五枚目格付け出しの千代大龍（最高位は西小結）、常幸龍《じょうこうりゅう》（最高位は東小結）がいます。

関取になるまでは、間垣親方がつけてくれた若三勝を名乗っていました。これは、間垣親方が、二代目若乃花になるまで若三杉と名乗っていたことにちなみます。

序ノ口から出発した照ノ富士は、幕下に昇進するまで、序二段、三段目と各段一場所で通過、幕下に達したときは、関取経験者の出羽鳳《でわおおとり》に勝つなど、強いところを見せています。

親方の病で間垣部屋が閉鎖され、伊勢ヶ濱部屋に移籍してからも、幕下で二場所連続六勝一敗の好成績を挙げて十両に昇進し、名前も照ノ富士に改めました。この四股名は、現役時代伊勢ヶ濱部屋所属だった名横綱の「照國」と現親方の四股名「旭富士」から取ったものです。

照ノ富士は、新十両として迎えた場所でも優勝しました。まえの場所では、やはり新十両だった遠藤が優勝しています。二場所連続して新十両が優勝するのは、勢《いきおい》と千代大龍以来、三度目の記録になりました。

その後も好成績を挙げ続け、二〇一四年三月場所で、ついに入幕を果たしました。このとき、遅れて入門した逸ノ城はまだ幕下で、新十両になったのは同年五月場所のことでした。

入幕後、病気で入院するなどありましたが、勝ち越しを続け、二〇一四年九月場所には三役目前の前頭筆頭まで進みました。このとき、「自分でも信じられない」という立ち合いの変化で大関の琴奨菊を破り、ファンに強烈な印象を与えました。

とはいえ、本人は、ほめられたやり方ではないことを自覚していたと見え、「親方に叱られる」と心配していたようです。こういう反省がすぐできるところも照ノ富士の照ノ富士たる所以でしょう。その後、連敗して負け越したのも、その影響だったのかもしれません。

そして、一緒に来日し、相撲界へは一歩遅れてはいってきた逸ノ城の存在は、照ノ富士の負けん気魂に火をつけました。入幕早々快進撃を続け、あわや優勝かというほどの好成績を挙げ、三賞のうちの二賞を獲得、一気に関脇になった逸ノ城の存在はどれほど照ノ富士を刺激したことでしょう。

「あいつにだけは負けたくない」という、いい意味でのライバル意識は逸ノ城も同じだったと思います。それが二場所続けての水入りの大相撲になったのではないでしょうか。

そして、二〇一五年一月場所、東前頭二枚目で敢闘賞を受賞した照ノ富士は、次の場所で、逸ノ城と同じく、小結を飛ばして関脇に昇進したのです。照ノ富士が関脇に昇進した三月場所、関脇で負け越して平幕に落ちていた逸ノ城も負けじと勝ち越し、小結の地位を獲得しました。

さらに、新関脇の三月場所は初日から七連勝し、白鵬の連勝記録をストップさせるなど、大活躍しました。

快進撃はまだ続き、五月場所で優勝し、平成生まれ初の大関が誕生したのです。三役を二場所務めただけで大関に昇進した例は、六場所制度になってから初めての快挙でした。

照ノ富士の明るい人柄はみんなに好かれ、同部屋の先輩である横綱・日馬富士は、自分が白鵬に勝ったことで照ノ富士の優勝が決まったことを喜び、優勝パレードでは旗手を務めてくれました。

これは極めて異例のことで、私は今まで聞いたことがありません。照ノ富士も、「まさか横綱が乗ってくれるとは思わなかった」と、感激の面持ちでした。

付け人の受けもよく、優勝が決まったとたん抱きついて、泣きながら喜びをともにした駿馬《しゅんば》は、照ノ富士に相撲界のしきたりや日本語を教えるいい先輩で、照ノ富士も兄のように接しているようです。

ちなみに、大関昇進伝達式の口上は、「さらに上を目指し精進いたします」と、難しい四文字熟語を避けた彼らしいものでした。また、横綱昇進について、「神様が選ぶものだから、選ばれるように頑張りたい」と謙虚に語ったことも、「相撲を理解しているな」と思われ、私にはとても嬉しいことでした。

第5章

集中力の磨き方

◇スポーツ栄養士も絶賛の「石浦寮ちゃんこ」

フランスの哲学者で教育学者でもあるジャン・ジャック・ルソーは、食に関して次のような名言を残しているそうです。

「教育の原点は、食べることを通して自己保存できる知恵を学ぶことである」

私も「食べることも稽古のうち」と繰り返し言っています。しっかりと食べる選手は強いし、頭の回転も速くなります。

しかし、ただやみくもに食べればいいというものではありません。それでは、欲に任せて食べているだけで、稽古とはとてもいえないのです。ルソーがいう「自己保存できる知恵」は身につかないでしょう。

私は、お菓子やジュースを禁止して、ご飯を人の三倍も四倍も食べさせるようにしています。

その分、体が大きく作られていきます。また、生活習慣病にならないために、体のことに関しては人一倍気を遣っています。ですから、生徒たちが暮らす寮では、出来合いの食事を出したことはありません。

出来合いのものは、どうしても揚げ物が多くなります。とんかつにキャベツの千切りを添えて、ソースをたっぷりかけて食べる、それが定番のようです。

これでは栄養も偏りますし、糖尿病予備軍になってもおかしくはありません。したがって私たちは、できるだけ多種多様のものを手作りし、それもゆっくりと時間をかけて食べさせるようにしています。

その極め付きの料理が「石浦寮ちゃんこ」です。これについては、鳥取県体育協会の勧めで来てもらった栄養士さんも保証ずみです。

栄養士さんは、一週間、寮で提供している食事を見てくれて、問題は何もありませんと言ってくれました。カロリー計算をぱぱっとしてチェックしていましたが、とくにちゃんこに関しては、しいたけなどのきのこ類、大根や人参などの根菜類をはじめ野菜がたくさんはいっているので、日一杯の量を食べても問題はないとのことでした。

そのうえ、ご飯を五分づきにして麦を入れているのも合格点でした。寮では、五分づき米を作る精米機を置いて、精米を部員たちにやらせています。それをすることによって、自分の体のことを考えられるからです。

自分たちの体を大事にしなければいけないのだという自覚ができることで、食べ物に対する感覚が養われるのです。朝ご飯では必ず納豆をつけていますが、納豆が苦手でも、体のためと思えば食べようという気になるし、食べているうちに好きになることでしょう。

栄養士さんは、こういう食べ方をしていれば、めんどうなカロリー計算も不要、食べたいだけ食べても大丈夫ですと言ってくれました。

一般的に、相撲取りイコール肥満体というイメージで捉えられ、糖尿病を抱えていると思われがちです。しかし、現在まで鳥取城北高校の相撲部で糖尿病になった部員は一人もいません。むしろ、来たときに糖尿病気味だった部員が、「石浦寮」の食事で完治したという例があるくらいです。

肥満といわれていた子どものほとんどが、最初はやせます。二〇キロぐらいやせた例もあります。それまで「食っちゃ寝、食っちゃ寝」の生活をし、ジュースやお菓子を口にし、体を動かさずゲームばかりしていたので太ってしまったのでしょう。

それが、稽古や食事で悪いものがみな落ちて、ほんとうに強い体になっていったわけです。稽古や食事で作った体は、根本的に、太り方が違います。

稽古しないときは飯を食うな

前項で申し上げた相撲部員が暮らす寮を「石浦寮」と呼んでいるのは、この寮が私の自宅だからです。

発端は、私が相撲部の監督になったときにさかのぼります。私が行ってから本格的に稽古をするようになった相撲部は、まえにお話ししたように、三年目のインターハイで三位に入賞しました。

それまで鳥取県の高校相撲部が三位入賞することはなかったので、鳥取城北高校の相撲部は注目されるようになりました。

私は、生徒から「先生に殺される」と思われるくらいの厳しい稽古をしてきました。

しかし、その結果、彼らはそれぞれ頑張って、学校の先生になったり、消防士になったり、トヨタ自動車にはいったりと、立派な社会人になっていきました。

琴光喜が入学したのは、トヨタ自動車に就職した部員の口ぞえのおかげです。琴光喜のお父さんがトヨタ自動車の相撲部監督でした。

私は当時、プロの世界が好きではなく、大相撲に入れたくなかったので、このころに大相撲に行った部員はいません。

トヨタに就職した部員のことを、トヨタの相撲部では、「いろいろな学校の卒業生が就職してきましたが、城北高校から来た部員が一番いい」と言ってくれました。そして、城北高校に自分の子どもを預けたいという人が現れるようになりました。

私は、この少しまえから、これらの部員たちのために寮が必要だと思い、家を三軒借りて預かることにしていました。その後、二〇〇六年、三階建ての〝借金の館〟が完成しました。

寮で一緒に暮らすようになって、部員たちの生活は規律正しいものになり、食べ物に関する管理も行き届くようになりました。

「これでいいんでしょうか」という質問に、栄養士さんは、

「全然問題はありません。先生は厳しく稽古をつけているから、そのときに栄養をたっぷり吸収するんです。だから、ご飯は食べさせたほうがいいのです。それに、先生は、稽古をしないのであれば飯を食うなと言っています。それでいいと思います」

これで、逸ノ城にも常々言っていたことのお墨付きをもらったことになります。栄養士の資格は持っていませんが、私は経験上、稽古をせずにご飯を食べていたら体を壊すことを知っていました。

稽古をするときの体の動かし方は半端ではありません。筋肉が栄養を欲しがっています。そのときにしっかり食べることで、体は強く太くなっていきます。ですから、私は道場の横に炊事場を置き、稽古が終わったらすぐに作って食べさせるようにしています。

ちなみに、「石浦寮」には、プロ野球の阪神タイガースに行った能見篤史選手が高校三年生のときに、体を大きくするために来ていたことがあります。彼も、ご飯をたくさん食べて立派な体になり、大活躍ができる野球選手になっています。

◈学生の本分はやはり勉強

大相撲の力士は、朝ご飯を食べずに早朝から稽古をして、それから食事をするので、一日二食の生活です。

その理由はいろいろあります。まわしの着脱が一人ではできないので、食事をし、トイレに行っている時間がありません。食べてすぐ稽古をすると、ぶつかり稽古で吐いてしまう恐れもあります。

また、稽古で空腹状態にしておいて、たくさん食べるためでもあります。力士は一日二食といってもその量は半端ではありません。たくさん食べて、すぐに寝ることで、太く逞しい体を作ることができます。

しかし、学生の場合は、朝ご飯も昼ご飯も夕飯もきちんと食べるという一日三食がいいと思っています。なぜならば、城北高校相撲部は部活であって、プロの世界ではないからです。

朝ご飯抜きの稽古は、授業のない土日に限っています。大きくなるために、土日は一日二食だけで、朝から稽古をします。

土日に限っているのは、学生の本分はやはり勉強だからです。やはり、高校生の間は、あくまで、学生という立場を守るべきでしょう。

もし、毎日朝稽古をしていたら、授業に遅刻することもあるのではないでしょうか。そうなると、勉強がおろそかになってしまいます。

そのため、ウィークデイの稽古は午後からということになります。朝、普通に起きて、ご飯を作って食べて、学校へ行くという、普通の学生生活を送ります。

相撲部員が全員プロになるわけでもないし、プロになったとしても、それで成功するとは限りません。むしろ、関取になれるのは一握りの人間だけです。ですから、普通の当たり前の生活習慣を身につけておくことが大切です。

そして、土日だけは九時ごろから稽古を始めて、十二時ごろに食事をし、午後は自由時間です。これは基本的には、寝かせてやることが大事だと思っているからです。

大相撲の力士のように、朝の四時から稽古をしたのでは、疲れが溜まり、勉強がおろそかになってしまうでしょう。繰り返すようですが、彼らはあくまで高校生なのです。

四時から稽古をして、終わったら昼寝というのでは、学生ではなく力士になってしまいます。だから、ご飯もそこでは作りません。土曜日は、簡単にできるカレーライスと決め、日曜日の昼は稽古後にちゃんこを食べたあと、夜は自由に街に出て食べてもいいことにしています。ただし1000円ぽっきりの予算です。

店の人たちも心得てくれていて、彼らが行くとありがたいことに、とても1000円とは思えない量の食事を出してくれるのです。

カレーといえば、誰もが好きだと思っていたのですが、逸ノ城はカレーが嫌いだったようです。香辛料が口に合わなかったのかもしれませんが、私に怒られると思ったらしく、我慢をして食べていたのでしょう。

◈生徒の性格を見抜き、指導方法を変える

部員の性格はいろいろです。厳しく叱られて怒鳴りつけられても、「こんちくしょう！」と発奮して力を出す部員もいれば、怒鳴られると萎縮してやる気をなくす部員も

います。

こういう部員には、話して聞かせて理屈で納得させるとか、「おまえはできる！」と励ましてやるとか、方法を変えることが必要です。

私の修業時代でいえば、恩師の岡先生は、一年間、うしろの壁に向かって四股を踏めと命じました。それは、野球でピッチャーをやっていてついた、足が中にはいるクセを直すためでもありましたが、同時に私の性格を見抜いたからでしょう。

今の姿からは想像できないかもしれませんが、まえにお話ししたように、私には少々優柔不断のところがあったからだと思います。

野球もやりたい、相撲も少しは面白くなってきた、どうしよう、二人の監督に誘われて右往左往している私に、岡先生は、「前を向いて稽古をさせたら、やめてしまうかもしれない」と思ったのではないでしょうか。

前を見れば、嫌でも、先輩たちの稽古をしている姿が目にはいります。それは、初めて見た人ならば、ショックで卒倒してしまうかもしれないほど厳しいものでした。前を向いて四股を踏んでいたら、頭からゴーンとぶつかっていく稽古を見て、圧倒されて逃げ出してしまったかもしれません。

岡先生が、前を向いて踏んでみろと言い出したのは、一年生の後半くらいになってからのことでした。初めて目の当たりにした光景は、たしかにショックでした。それでも、壁を向いてもうしろから「バシッ、バシッ」という音は聞こえていましたから、多少は慣れていたと思います。

メンバーは、先輩、同輩も含めて、石川県の大会で優勝したという部員、中学時代から強いと言われて一番を目指してやってきた県外からの部員など、強豪ばかりでした。しかし、その稽古を四股を踏みながら見ているうちに、素人の私はだんだんと相撲というものに惹かれていったようです。

この経験から、指導する立場になった今、私は、この部員にはこういう指導、この部員にはこういう指導と、性格を見抜いて使い分けるようにしています。それはとても大事なことで、それが見抜けないと部員とコミュニケーションを取ることはできません。いかに上手にやる気にさせるか、常に集中できるように、ということをいつも考えています。

さらにいえば、集中できないと怪我につながることにもなります。怪我をしないためにも部員の性格を見抜いてやることが必要です。

たとえば、稽古をしているとき、やたらと気合いがはいりすぎ、勝とうとして無理なことをしようとする部員がいます。「勝とうとするな、負けない相撲を取れ」という私の教えを忘れているようです。そういうときには、

「こらっ!! 違うだろう、そんなことしなくていいんだ! バカヤロウ! そこは我慢して下がることも大事なんだ。下がったらヤバいんじゃなくて、下がっても余裕があるんだから大丈夫だ、もっとちゃんと考えてやれ」

などと厳しい声をかけます。この部員は、すぐにカッとなるところがあり、いい加減なことをやってしまうからです。

それがわかっているから、やる前に注意をすることができます。このように、その部員の性格を見抜いていれば、取るであろう行動が先に読めるので、稽古中に限らず、普段の生活の中でもよく観察しておくことです。早く見抜いてやらないと、怪我をしてしまう恐れもあります。

◈力士寿命三十歳、引退後も生きていける育て方

なぜ、私が、これほど強く「相撲が強くなることよりも勉強が大事」と言い続けるのでしょうか。

それは、最終的に大相撲にはいって、関取になって、稼げるようになったとしても、引退のときが必ず来るからです。どんなに頑張ったとしても、三十歳をかなり過ぎるようになると引退の二文字がちらつくようになります。

モンゴルから来た部員も、やはりしっかり勉強をして、日本社会で生きていけるものを身につけてほしいと思います。そうでないと、モンゴルへ帰ったとしても、「相撲以外には何もできないから、引退したらただの大男」と言われてしまうかもしれません。

逸ノ城が卒業したとき、すぐに相撲の世界にやらず、一般社会で働かせたのも、彼にはまだそういう力がついていないと思ったからです。これは、逸ノ城に稼ぐことを求めなかったご両親だったからこそできたことです。

もし、子どもを出稼ぎに行かせたつもりの親だったら、不満が出たでしょう。しかし、

逸ノ城が人間として、こうした経験を積まないまま大相撲にはいっていたら、結局、挫折することになったのではないでしょうか。

やはり、そうした面でも「すごいな」と認められ、土俵を下りてからも、「人間的に素晴らしい」といわれるような男になることが大事です。

幸い、逸ノ城も照ノ富士も、多くのファンを獲得して人気者になっています。それは彼らが、きちんと勉強をし、一人前になったからです。そして、彼らに相撲界のしきたりを教えてくれた親方や諸先輩のおかげだと思っています。

私としても、やはり大相撲に送り込んだ教え子が活躍する姿を見るのは嬉しいものです。

私たちは、彼らが関取になったとき、化粧まわしを贈ることにしています。

こういう場合、他の高校では、その高校出身であることを示すために、校章をデザインしたものを贈る場合が多いのですが、私たちは、それぞれの個性に合ったものを贈ることにしています。デザインは、いずれも我が校の美術教師がしています。

逸ノ城の化粧まわしには、鳥取の氷ノ山《ひょうのせん》に生息するイヌワシが悠々と羽を広げた姿をデザインし、大きくはばたけという願いを込めてあります。照ノ富士の場合は、名前にちなんで、朝日に照らされる伯耆《ほうき》富士（大山《だいせん》）の柄になっています。

両者には共通して、鳥取城北高校相撲部のテーマ「嘘のない稽古」や「城北魂」などの文言や校章が刺繡されていました。

その後、応援してくださる後援会の方々などから、新しいデザインの化粧まわしを贈っていただき、ファンの皆さんにも喜んでいただいているのは、大変嬉しいことです。

第6章

自分で選ぶ、人のせいにしない

◈格闘技？　英語？　映画？　教員？　散々迷った石浦の進路

二〇一六年十一月場所で、新入幕ながら十連勝し、一時は優勝争いに加わった石浦は、私の息子として生まれ、幼少のころから相撲をやっていました。

テレビドラマ『暴れん坊将軍』の中で、力士たちがふんどしを締めて戦う場面があり、それを見て「かっこいい」と思ったらしいのです。「じゃあ相撲やってみるか？」と誘うと、「やりたい」と言うので、初めてまわしをつけたのは五歳のときです。本人はあとで、騙されたような気もすると言っていましたが……。

本格的に稽古を始めたのも早く、小学二年生のときに近くの相撲道場に通い始めています。しかし、見てのとおり小柄でなかなか勝てませんでした。反面、負けん気だけは強く、一年生のときには、六年生に噛みついて歯形をつけてしまったこともあります。

その一方で、野球や水泳にも取り組み、野球では左腕のエースでした。

しかし、道場の監督に素質があると言われ、小学校高学年からは相撲一筋になりました。中学校は、鳥取城北高校とともに稽古をしている中学に入り、現・十両（二〇一七年三月時点）の山口とはここで出会っています。

相撲一筋の山口と違って、あれこれ迷ったようですが、結局、城北高校への進学を決め、団体戦に出場して優勝に貢献したり、ジュニア体重別選手権の軽量級で優勝したりしました。

その後、日本大学を卒業後、進路を決めるにあたり、石浦はいろいろ悩んだようです。一つには在学中、三年生のときに腸の具合が悪くなって太れなくなり、一〇〇キロの体重が七〇キロにまで落ちてしまったことがあります。

病状が重くなって手術をするかどうかという段階もありました。手術をしていたら、まず相撲の道はあり得なかったでしょうが、なんとか手術は回避して病気は克服しました。しかし、医者からは太ってはダメと言われ、もう相撲はできないと息子も思ったでしょう。

太れないなら小さくても戦える世界をと思ったのか、身長一六三センチでも猛烈に強かった山本〝ＫＩＤ〟徳郁《のりふみ》がいる総合格闘技の世界にも飛び込んだことがありました。

女房などは猛反対しましたが、やりたいならやってみたらいいのでは、と私は言って、彼も思い切って挑戦してみました。

しかし、練習で十五歳の少年や四十歳の中年男性と対戦してみて、殴る・蹴る・寝技ありの総合格闘技ではまったく勝手が違ったようです。負けはしないけれど、打撃がさっぱり当たらないというのです。ましてそれ以上の選手には歯が立ちません。それですぐ自分の求める世界とは違うと悟ったようです。

とはいえ、同学年の山口や後輩の貴ノ岩が力士への道を選ぶ中で、自分にはやはり力士への道は無理と思ったのでしょう。私のように教員になる道を選ぶ可能性もありました。

しかし結局は、気持ちの上で相撲をまったく捨て切れないまま、相撲と他の道の間で揺れながらも、自分で海外留学という道を選ぶことにしたのでした。

オーストラリアに英語を習得するために行ったのも、相撲とはまったく無関係ではありません。英語を生かして、国際相撲連盟で働きたいという夢もあったようです。たまたま連盟の役員で、京都の大学でも教えていたカトリーヌさんという女性が親切にいろいろ教えてくれて、オーストラリアにホームステイしました。

彼女は、連盟主催の国際大会などでは、英語だけでなく日本語でも司会・進行などをてきぱきとこなしていましたから、こうした活動もあるのだと彼は思ったのかもしれません。

◈映画出演も断り、親戚の猛反対も押し切った覚悟

今考えると、正直なところ彼の心の中には日本にいたくないという気持ちがあったのかもしれません。

しかしそのオーストラリア滞在中にも、彼はインターネットの大相撲ダイジェストなどで、日本の相撲界で、かつての仲間、貴ノ岩や山口が活躍しているのを見て、その一生懸命頑張っている姿が「輝いて見えて羨ましかった」とあとで言っていました。いったん日本を離れてみると、自分を見つめ直すいい機会にもなったのでしょう。相撲に対する気持ちが抑え切れなくなったようです。

そして、一つの転機が訪れました。二〇一二年七月、オーストラリアで行われた相撲

のオーストラリア国内選手権の代表を決める試合で、勝ち続けていた一七〇キロもあるチャンピオンに対抗して出てくれと頼まれ、個人戦で勝ってしまったのです。これがきっかけになって、もう一度本気で相撲をやろうと思ったようです。

こうした彼の活躍を見たハリウッドの映画関係者から、映画に出ないかと誘われたこともありました。試しにとその映画「X-MEN」シリーズのオーディションを受けてみたら合格してしまい、敵役でデビューする話が持ち上がりました。鍛え上げた体が、映画関係者の目に留まったのでしょう。

また、女房の話では、彼自身はアパレル業界にも興味を持っていたようです。

しかしこの年、日本で活躍する貴ノ岩は五月場所後に、山口は七月場所後に十両昇進が決まりました。それもあって、彼の相撲に向かう気持ちはだんだん強くなり、映画への出演も断って帰ってきました。

五月にオーストラリアに行って八月には帰ってきたので、わずか四か月ほどの経験ですが、石浦にとっては決定的に重要なものがあったようです。

それでも私は、彼のその気持ちがどこまで本気なのか、まず帰ってきて国体選手になれるようやってみろと言いました。彼は素直に「わかった」と言って、帰ってくるなり猛然と稽古に取り組みました。ご飯も日に五回食べて体づくりに励み、国体の予選に勝って鳥取代表になりました。

成績は団体でベスト8、個人では十六位でしたから、抜群とはいえないものでしたが、それでも一度やめた相撲に復帰して、たった三か月での成績ですから、「まあ、よくやった」と言ってやりました。

この結果を踏まえ、本人が「これがもう俺の限界。もうダメだ」と言うなら仕方ないし、私としても、正直いってまあそれほど強くはなれないかなという気持ちはあったのですが、本人はもうすっかり大相撲入りの気持ちを固めていました。

しかし、その決意を周囲に話したところ、猛反対する人もいて、とくに私の実家、石川県の兄たちは、絶対反対でした。「甘いんだよ。そんな小さい体で相撲は無理。絶対うまくいかないからやめとけ」と断言され、息子は泣いていました。

当然、私のほうにとばっちりが来て、「親も親だ。何をやっとるんだ。大体、自分の子どもに甘すぎるんだよ」と言われましたが、「やりたいと言うときにやらせないと後悔するから。失敗してもいいからやらせる」と突っぱねました。

しかし、今思うと、この反対が逆に本人の決意を固めることになったのかもしれません。これだけ反対されてやるからには、失敗は許されない、失敗して「それ見たことか」とだけは言われたくない、と思ったようです。

むしろ私としては、兄たちに感謝したいくらいです。ちなみに、今、石浦の活躍にもっとも熱狂してくれている最大の応援団が、この絶対反対だった兄たちなのですが……。幕内になると土俵下で使う大きな場所座布団も、この兄たちからの贈り物です。

本人は、周囲から何と言われようとも、一度しかない人生、ここでやらなかったら絶対後悔する、まだぎりぎり間に合うから、と腹を決めたら不安はなかったようです。

◈白鵬のいる宮城野部屋入門への意志は固かった

このとき、私は、相談されたらどうしようかとは思っていましたが、どこの部屋へ行けなどということは言いませんでした。

ただ、貴乃花親方と親しくさせていただいていて、厳しい稽古をするきちんとした部屋だということは知っていました。貴ノ岩が所属していたこともあって、貴乃花親方にお願いしようかと思っていたところ、本人は、「白鵬がいる宮城野部屋がいい」と決めていました。

高校時代に白鵬に会ったことがあり、どうせ行くなら、一番強い人がいるところと思ったようです。本人の意志は固く、私が口を挟む余地はありませんでした。彼は、体が小さいのに相撲を続けていたのですが、私の息子だということでしんどい思いもしたのではないでしょうか。

ここらへんで自分の意志を通し、私から自立したいと思ったのかもしれません。もっとも、その片鱗は昔からあり、不必要なくらい自分に厳しいところがありました。

たとえば、私が、たまには親らしいことをしようと思って、「今日は一緒に風呂へ行かんか」と誘っても、「行かん」と答えますし、食事に誘えば、「お父さんと行くと食べさせられるから嫌だ」と断られ、ずいぶん寂しい思いをしたものです。

こちらは、監督という立場を離れて誘っているつもりなのに、そうは受け止めてくれなかったわけです。これが、子育ての難しいところです。まあ、基本的には、親というのは厳しくていいとは思っているのですが。

でも、自分の意志を通して、宮城野部屋にはいると決めてから、彼は急にやさしくなりました。きっと、親から自立したことを自覚できたからでしょう。

そして二〇一二年十二月、二十二歳で新弟子検査に臨み、宮城野部屋に、憧れの白鵬の内弟子として入門しました。

白鵬の直接の指導による猛稽古を繰り返し、今までやったこともない筋力トレーニングに明け暮れて、二〇一三年一月場所で初土俵を踏み、三月場所では序ノ口で七戦全勝優勝、五月場所でも序二段で七戦全勝優勝、白鵬も両場所とも全勝優勝して一緒に祝ってくれました。

その後も順調に勝ち越しの場所が続いて幕下に昇進、二〇一四年の五月場所で、十両を狙える位置にいながら、初めて負け越してしまいました。さすがに関取になるのは、一筋縄ではいきません。

忘れもしない二〇一五年一月場所では、久々に優勝を狙える六連勝までしていたのに、七番相撲で正代《しょうだい》に負けて優勝を逃しました。正代とはその後、新入幕の場所でもきわどい勝負で取り直しになるなど、とかく因縁があります。それも相撲の面白さなのでしょうが……。

そして、次の三月場所での十両昇進が決まりました。なんと鳥取県出身としてはあの第五十三代横綱・琴櫻以来の関取誕生で、五十三年ぶりのことといいます。

◈ 関取になったとたんのケガもいい勉強になった

当時、ようやく体重は一〇〇キロほどになりましたが、それでも力士としては小さいほうなので、その体でよく頑張っているなと思いました。

体が小さい分、怪我をしやすく、何度も肉離れを起こして苦しみました。やはり、十両ともなると、力の差がありますから、いつものような相撲が取れず、ムリをしたために、五日目の土佐豊戦で太ももを痛めてしまったのです。

土佐豊には勝って三勝二敗になったのですが、それから二連敗、次に勝って星を五分に戻したものの、また二連敗で四勝六敗。本人ももうダメだと思ったようです。その十日目の相手は里山でした。

心配で見に行っていた私は、終わって帰るときに太ももの調子を聞きました。すると、彼は大丈夫と答え、「あまり勝敗を気にしないように、先のことを考えると相撲を取れなくなるから」と言い、親方の言葉を付け加えました。

「親方に、行くときには楽しんでこいって言われたので、すごく楽になった」

と言ったのです。親方の言葉で気を取り直したのか、十一日目の翔天狼《しょうてんろう》に勝ったのが大きかったようで、それから連勝し、結局、新十両の場所を九勝六敗で終えることができました。怪我はしないに越したことはありませんが、成長の糧になることもあるようです。

それにしても、親バカですが、彼にこれほどの人気があるとは思いませんでした。土俵に上がったとき、あの小さい体で頑張っている姿を見て応援したくなるのかもしれません。

小林一茶も「やせがえる負けるな一茶ここにあり」と詠んでいます。日本人には、小さいものに味方をするＤＮＡがあるのでしょう。

ちなみに、石浦の化粧まわしには、鳥取発祥とされている民俗芸能・麒麟獅子の獅子頭や鳥取藩主池田家の紋「角輪紋」がデザインされています。この紋は池田家のお抱え力士や、明治時代に出た鳥取県出身力士の化粧まわしにも使われたそうです。

その後も、動きのいい相撲でしぶとく戦い、十両での優勝こそなかったものの大負けもしない相撲で、番付をじわじわと上げていきました。十両を十場所で通過し、十一場所目で入幕となったのです。

まだまだ彼の前途にはいろいろな試練があるでしょう。けれども、彼の今までを見て、私だったらもう相撲をやめようと思うほどの試練や、一つ間違えばもう終わりという場面があり、それをいくつも乗り越えてきたことを評価したいと思います。

私が学んできた教えの中にも、あきらめないで挑戦していけば必ず実を結ぶときが来るという、人生全般にわたる鉄則があります。

やらなければその時点で終わってしまうのですから、苦しくても挑戦を続けるということ、生易しくはありませんが、それをどこまで貫いていけるかが課題でしょう。

◈相撲指導者の目で見た石浦の将来性とは

相撲指導者から見て、石浦のこれからはどうかと聞かれれば、けっこう面白い展開を見せてくれるのではないかと思います。

それは一つには、彼の相撲スタイルが、小兵なのに当たっていく相撲だからです。もちろん相撲は立ち合いが大事で、力士はみな強く出ようとしています。

あとはスピードです。出るにしても引くにしても動きの速さが、とくに小さな力士には欠かせない資質です。

技術面で目立つのは、左下手を取ったら強いということです。もともと左利きで、前述のように少年野球ではサウスポーのピッチャーをやっていました。

スポーツ選手としては、左利きは決して不利なことではありませんが、箸で飯を食べるときと文字を書くときは右利きのほうがいいと思い、一時は右利きの訓練もさせました。しかし、本人が嫌がってふてくされ、飯を食べなかったので、その後はとくに矯正しませんでした。

石浦は、左利きの強みを生かして、握力も右手の七〇キロに対して、左手は一〇〇キロと圧倒的に強いので、左でまわしを取ったときに力を出せるのです。

二〇一六年十一月場所で十連勝したあとの四連敗も、本人にとってはすごく勉強になったでしょう。一時は小さいから派手で奇抜な技を使ってやろうなどという欲が出たこともあったようですが、そんなことを考えていると負けるとわかってきたようです。

「アスリートの輝石」（BS日テレ）では、そんな石浦のことを五年まえの新弟子時代から追跡してくれていましたが、その中で高校時代の親友と一緒にいつも行く三朝《みささ》温泉で湯につかっている場面がありました。

そこで親友が語ってくれた言葉が印象に残りました。

「彼はピュアでやさしい」

親バカですが、たしかに言われてみると石浦のよさは、このピュアさ、ひたむきさかもしれません。

目をかけてくれている白鵬のことを、その強さはもちろんですが、人間的な面で大変尊敬していて、白鵬の人に対する丁寧な態度、どんな人にもちゃんと頭を下げ、サインなどファンの要望にも、事情の許す限り誠実に対応している姿に強く感じ入ったようです。

また、関取になったことによる生活の変化にも、彼なりの対応があったようです。たとえば、十両になって八場所目の二〇一六年五月場所のまえに、ロードレーサータイプの自転車を買いました。これは十両になってからタクシーを使いすぎ、その料金が年間百万円を超えてしまったことへの反省からのようです。

二〇キロくらいまでなら自転車で十分移動できるし、もちろん足腰の鍛錬にももってこいですから、事故にさえ気をつければ賢明な選択といえるでしょう。

そうした人間としての成長と、相撲に取り組む姿勢は無関係ではないと思います。

それがある限り、どんな形で相撲人生が続いても、彼なりに悔いのない生き方ができると思うのです。

◈相撲は怪我をしないことが何より大切

柔道でよくいわれる「柔よく剛を制す」は、「小よく大を制す」ということでもあり、日本人には昔から、小が大を倒すことに快感を覚えるDNAがあるようです。

石浦の人気もそれと無関係ではないことはすでにお話ししましたが、それが数字に表れたのが、日本相撲協会の集計している敢闘精神あふれる力士のファン投票です。

本場所来場者やネットのファン向けに、力士の敢闘精神を評価するアンケートを場所中、毎日行い、幕内、十両の各上位三人を公表しています。

「日刊スポーツ」がこれに目をつけ、二〇一六年の十両を対象にした「十両役者賞」を発表しました。それを見ると、「十両の敢闘精神あふれる評価数上位」に石浦が評価数2165で二位に入り、評価数2604で一位になったのが、関西学院大学出身で木瀬部屋に入門した宇良でした。

宇良が繰り出す技は、レスリング経験を基本にした投げ技で、相撲ではめったに見られないというよりは、まったく見たことがないというほど珍しいものです。

相手の懐に潜り込み、のけぞった姿勢で投げる「居反り」や、飛行機投げのように投げ飛ばす「伝え反り」は、「すごい技」だと評判になり、デビュー以前からすっかり人気者になりました。

これは、身長一七三センチ、体重一二八キロの体で勝つための苦肉の策なのでしょう。巷《ちまた》では、単に体が小さいゆえの機敏な動きや、劇画のような技が面白いというだけではないと、好意的に受け止められています。強い相手を破るところがすごいということなのでしょう。

しかし、私から見たらあまり勧められません。これらの手は一応、相撲の決まり手にはありますから、禁じ手ではありません。それでも、非常に危険な技であることはたしかです。十五日のうち一日程度であれば問題はないでしょうが、毎日やったら、おそらく首を痛めてしまうこともあるでしょう。

私は、稽古場であの技を教えたことはありません。石浦も同じような小兵なので、やりたがったことがあり、それで勝ったこともあります。しかし、私は「それをやって首を痛めたら、相撲は取れなくなるんだぞ」と言っていつも叱りつけていました。

詳しく説明すると、それらは、首を使って相手を持ち上げる技です。たしかに、宇良の首は牛のように頑丈そうですが、首には細かい神経がたくさん集まっています。ですから、一回痛めたら、そのダメージは二度と相撲を取れないくらい大きいものになる恐れがあります。

◈体のアフターケアは稽古と同じくらい重要

石浦に声援をいただいている理由は、彼がごく普通の人並みの体でありながら、一生懸命精進していることにあるのでしょう。

彼が頑張ることによって、皆さんから石浦、石浦と言ってもらえて、相撲人気のほんの一角でも担っているとしたら、こんなに嬉しいことはありません。

私が石浦が新十両だった三月場所へ行ったのは初日と里山戦だけでしたが、両日ともに、石浦にサインを求めるお客さんが大勢いました。勝利した初日だけではなく、負けて、足を痛めて引きずっている日でも快くサインをし、子どもを抱いて写真撮影に応じたりしている石浦を見たときには、「こいつ、たいしたものだ」と、涙が出そうになってしまいました。

「きっと嫌な顔をして断るだろうな」と思いながら見ていたからです。普通ならば、早く帰って休みたいところを、彼は、嫌な顔一つ見せず、終始笑顔で対応していました。親の知らない間に、これだけ成長していたのです。

ともあれ、彼が努力して、とりあえず、自分の相撲を取ることができているのを見ると、我が子ながら素晴らしいと思います。

ただ、この世界で一番怖いのは、やはり怪我をすることです。自分よりはるかに大きい相手を見れば怖いはずです。その分、集中力を保つ必要があるからです。稽古にしても、大きい力士ならば、ふっと息を抜く瞬間があっても、直接怪我に結びつくことは稀です。しかし、小兵力士の場合、それが怪我のもとになります。

とはいえ、一日に三十番、五十番の稽古をして、一番も気を抜かずにやるのは不可能でしょう。でも、五番でもいいから、気を抜かずにやることです。一瞬でも、ふっと気を抜いて、そこでバキッということになったら、相撲人生は終わりです。

一番一番丁寧にやって、焦る気持ちを抑えることができれば、稽古と同じくらい重要なアフターケアもできるようになります。

どんな仕事でも同じですが、仕事とは氷山のようなもので、人の目に見えるのは一部だけでしょう。見えない海中の部分のほうがずっと大きいと思います。アフターケアを怠らないという見えない部分があってこそ、見える部分が輝くのではないでしょうか。

◈速い相撲は怪我の功名か⁉

里山戦で足をひきずって帰ってきたとき、私が「大丈夫か」と聞いたら、石浦は、「大丈夫」の一言しか言いませんでした。「帰ったら、ちゃんと体を温めないとな」と言ったときも「大丈夫」の一言です。

これが、「痛い」とか「どうしたらいいのか」などと言われたのであれば、私も、「よっしゃ」と張り切ってアドバイスをするところでしたが、「大丈夫、痛くない」と言うので、私には返す言葉がありませんでした。

痛くないはずもなく、翌日からの不安もあっただろうに、彼は、一人でそれを抱え込もうとしたのです。「痛い」と思ったときは負けるときなのです。

石浦が、このときの不安や苛立ちを正直に吐露したのは、千秋楽で勝って、インタビューを受けたときでした。

「勝ち越し、おめでとうございます。四勝六敗になったときはどうでしたか」と、負け越していたときの気持ちを聞かれ、次のように答えていました。

「いやあ、勝ち越せてホッとしました。負けたら次にどうなるんだろうか、負けたらダメだなあとか、そんな弱い気持ちになっていました。自分はもう終わりだと……、でも、何をやっているんだと思って、もう一日、もう一番と頑張っていこうと思ったときに、親方の楽しんでこいという言葉があって頑張れました」

これは、千秋楽だからこそ言えた言葉です。もし、やるまえから終わりだと言っていたら、弱気になってしまい、ほんとうに負けてしまいます。そういう意味でも、親方の言葉はありがたく、私は、言葉の力を感じたのです。精神的なものに左右される部分がいかに大きいかということでしょう。

言葉の力で、彼は、痛みがあっても頑張ることができたわけです。このインタビューを聞いて、私は、「ほんとうに痛かったんだな」と改めて思い、「大丈夫」としか言わなかった彼の成長ぶりをかみしめました。

もう一ついえば、このときから彼の相撲は少し変わりました。何が変わったのかというと、相撲が速くなりました。それまでは、慌てていって負けた経験から慎重になりすぎていました。それで、四勝六敗になったわけです。

ところが、太ももが痛いので、速く取らなければならなくなったのです。これは、まさに「怪我の功名」であり、いい意味で、痛みの問題が解決したのかもしれません。

勝つということは、このように気力次第であり、怪我で負けるのは気力がないことに通じます。怪我に打ち勝つとはこういうことをいうのだと思います。

そして、さらに彼は、化粧まわしの話もしていました。

「四勝六敗になったとき、たぶん十両から落ちるだろうと思い、ひょっとしたら、二度と十両に上がれないのではないかと思いました。そう思ったとき、城北高校でもらった化粧まわしを締めようと決めました」

石浦は、十両に上がったとき、高校と大学から化粧まわしを贈られて二本持っています。それで、自分のために作ってくれた化粧まわしを、前半と後半に分けて両方使おうと思って、中日《なかび》に日大からのものに替えていたのです。

しかし、黒星が先行して十両から落ちると思ったとき、日大には申し訳ないけれど、鳥取の人たちが一生懸命作ってくれた化粧まわしで土俵入りしたいと考えたのでしょう。

これは、それほど弱気になっていたという証であり、よほどつらかったにちがいありません。しかし、つらいことが多い分、同じだけ喜びが返ってくると思って、さらに精進してほしいと思っているところです。

◈幕の内に上がるまでは〝石浦〟でいく

力士が四股名をつけるきっかけはいろいろですが、やはり、十両に上がって関取になったときにつけることが多いようです。しかし、石浦は、親方に「幕の内に上がるまでは石浦でいきたい」と言いました。

私としては、遠藤のように、幕内に上がっても本名で通している例もあるので、ずっと石浦でもいいと思っています。

彼がどう考えているのかはわかりませんが、一つ頭にあるのは、「石浦会」のことかなと思っています。以前から「全国石浦会」というのがあって、全国の石浦姓の人が集まってサミットを開催しているそうです。

この会の幹事さんによれば、全国に石浦姓は二千名ほどいるそうです。そのルーツは、私の出身地でもある石川県。加賀一向一揆で織田信長の軍に攻められた石浦姓の豪族が全国に離散したことにあるのだそうです。

こういう組織があることを私は知らなかったのですが、京都に事務局があって、石川県には石浦神社という神社もあるといいます。この「石浦会」では、石浦のことを幕下時代から知っていて、石浦神社に勝利を祈願してくれていたようです。

そのご利益があったのか、石浦は十両に上がって関取になりました。それをことのほか喜んでくれた「石浦会」は、石浦を応援団大使に選びました。石浦の名をあげてくれたというので、表彰状までいただきました。

表彰状までいただいたからには、しばらくの間は「石浦」でいこうと思ったのも、四股名を変えない理由の一つになったのかもしれません。

◈逸ノ城と照ノ富士、性格の違い

現在（二〇一七年三月時点）、城北高校出身の関取は、今までお話ししてきたように、照ノ富士、逸ノ城、石浦、貴ノ岩、山口と五人います。

彼らは、性格も頭の構造もさまざまで、私は、彼らとのつきあいで多くのことを学びました。

それぞれに合わせた指導を考えることはとても刺激的で、私の生き甲斐にもなってきたと思います。

たとえば、照ノ富士は、とても明るい子で、逸ノ城とは対照的でした。どちらかというとリーダーシップをとりたがるところがあり、こんなことがありました。

二〇一〇年のインターハイのときでした。前年三月にモンゴルから来た彼は補欠で、予選のときも出場の機会がないままでした。

優勝候補は前年王者の埼玉栄高校。私たちは、準々決勝でこの強豪校と当たることになりました。

この大事な場面で、私は当時、本名のガンエルデネをもじってガナと呼んでいた照ノ富士を出場させることにしました。

「ガナ、ここで勝たないと優勝はできないぞ。おまえを使うぞ」と言った私に、彼は、「なんでそんなに心配するんですか？　大丈夫ですよ」と言ってのけたのです。

これまで出場していなくて、いきなり強豪相手の試合に出すと言われれば、並の人間だったら緊張もするし、ドキドキもするでしょう。

ところが、彼はそういう様子をおくびにも出しませんでした。たいした度胸だと思いつつ、それでも私は言いました。

「それでも油断するな。相手はいろんなことをしてくるから」

それほど甘いものではありませんから、油断してはいけないと戒めるつもりだったのですが、彼は「この先生、うるさいな」ぐらいのことは思ったのではないでしょうか。

稽古場で、私はしつこいくらい、「やる気がなかったら帰れ、頑張れないなら帰れ」と口ぐせのように言っていたからです。

彼は、大丈夫と言いつつも、「相手はおそらくこう来るから、こう抱えて、逃がすなよ」という私のアドバイスを聞いて、何回も練習しました。その甲斐があって、私の言うとおりの体勢になり勝つことができました。

これで、もしかしたら、勝てるかもしれないと思いました。実力でいえば、○対五で負けてもおかしくないほど強い相手でしたが、照ノ富士が勝利への流れを作ってくれました。

結果は、四対一での勝利でした。そして、最終的に決勝まで行って、優勝することができました。

このときの彼の相撲は、今とそっくりで、高校時代から、かなりの完成度を見せていたということになります。

年齢的な問題もあって、高校生活は二年に満たない短期間でした。しかし、その間に、日本語の勉強をしながら相撲の稽古に励み、試合に出場して勝つなど、一生に一度しかない学生生活を十分満喫したのです。

一方、逸ノ城は、照ノ富士と一緒に、同じ飛行機でやってきたにもかかわらず、このときはまだ弱くて、試合会場にも行っていません。

まえにも言ったように、基本練習から始める必要がありました。日本語もなかなか上達しませんでした。

性格も、遊牧民らしく大陸的で、のんびりしています。素直さが取り柄で、ちょっとぼんやりしているところがあります。しかし、この素直さが非常に貴重で、そうでなければ、一年間四股を踏み続けることはできなかったでしょう。

人間、一つ取り柄があれば大丈夫という典型的な例のような気がします。三年間の相撲部暮らしで、彼には自覚も生まれ、自分が頑張らなければいけないと思うようになり、二年と三年の二年間で選抜大会などで何回か個人優勝もしています。

そういう意味ではとても成長しました。逸ノ城の場合は、頂点に立つか立たないかが未知数で、頂点に立ったらすごいことになると思えるということが、興味深いところです。相撲センスなど、抜群のものを持っている人間だと思うからです。

◇真面目な努力家・貴ノ岩と、逆境に勝った山口

貴ノ岩の場合は、一言でいえば「真面目な努力家」です。来たときはほんとうに小さかったのが、あそこまでなれるのは、真面目に努力した結果でしょう。関取になるまで三年かかっています。

貴ノ岩という四股名も、彼に初めて会った美輪明宏さんが、「岩のようですね」と貴乃花親方に言ったのがきっかけだそうですから、そう言わせるだけの体を高校時代に作り上げたことになります。

幕の内昇進後も十両に陥落するなど、なかなか思うような相撲が取れていませんでしたが、最近強くなり、二〇一六年七月場所では準優勝で敢闘賞、二〇一七年一月場所では十三日目まで二敗で優勝争いに加わっていました。

石浦の同年の友人でもある山口は、石浦より一足先に力士になっていますが、その後、石浦以上ともいえるいろいろな苦労がありました。

福岡県飯塚市生まれで、東京都江東区育ち、石浦とは中学・高校・大学と相撲部同期

の上、同じ宮城野部屋に所属しています。身長は一八二センチで体重一五三キロと恵まれた体軀を生かして、西前頭十六枚目まで行きました。

幼少期はラグビーをしていましたが、練習メニューに相撲を加えたのがきっかけで相撲に目覚め、鳥取城北高校に来てからは一年生ながら高校横綱になっています。一年生横綱は二十四年ぶりの快挙でした。

日本大学に進学してからも活躍し、高校・大学の先輩である琴光喜に認められて白鵬に紹介され、宮城野部屋に入門しました。二〇一二年三月の入門で、連続三場所の成績がよかったので七月場所後、十両に昇進することが決まり、四股名を本名の山口から大《だい》喜《き》鵬将大《ほうまさひろ》に変えました。

二〇一三年五月場所で念願の入幕を果たしましたが、その場所は初日から七連敗し、結局三勝しかできず、十両に陥落。その後も二場所負け越しましたが、その次の場所では、二勝七敗まで追い込まれながらも声援を背に頑張り、勝ち越しました。

しかし、次の場所で、高校の後輩照ノ富士との一戦で肋骨を骨折し、大きく負け越すことになりました。その後も成績は振るわず、最終的に、十一場所務めた関取の地位から陥落してしまったのです。

不調は続き、腰の手術で休場したあとの場所では、幕下四十五枚目という入門以来の最低位で、しかも七戦全敗という屈辱を味わいます。それでも、本人に引退の二文字はなく、石浦が待望の十両に昇進した二〇一五年三月場所から初心に戻ろうという気持ちで、四股名を本名の山口に戻して再起を図ろうとしたようです。

しかしその矢先、難病のバセドウ病の診断を受けてしまったのです。

しかし、ここからが彼の偉いところで、これほどのダメージを受けながら、投薬による治療を真面目に続け、生活態度も大きく変わったといいます。

その甲斐もあって、二〇一五年五月から勝ち越せるようになり、なんと石浦が待望の新入幕で活躍した二〇一六年十一月場所に合わせるように十両に復帰し、九勝六敗の好成績を挙げたのです。

聞くところによると、「幕内経験のある力士が、幕下以下で全敗を記録し、その後に関取に戻って勝ち越し」というのは、大相撲史上初の記録だそうです。

おしゃべりな明るい性格と、石浦が「山口との稽古はまるで喧嘩でした」と語っているほどの負けん気の強さが、こうした逆境においてもへこたれない、彼の支えになっているのでしょう。なんとかこの勢いを持続してほしいものです。

なお、山口には大喜鵬時代に、ローマの風呂をテーマにした映画『テルマエ・ロマエⅡ』に力士役で出演したというエピソードもあります。

◈お相撲さんにダイエットなどありえない

最近、逸ノ城について、「太りすぎたから勝てなくなった」という話が伝わってきます。たしかに、このところ入幕時の勢いがなかなか戻りません。

千秋楽でようやく勝ち越したり、早い時期に負け越しが決まったりというのでは、ちょっと情けないなとは思います。しかし、その原因を太りすぎとされることに、私は少し疑問を持っています。

なぜならば、私は、高校時代から、まえにお話ししたような食生活を送らせ、厳しい稽古を課すことで逸ノ城の体を作ってきました。短期間で崩れることなどないほどしっかりとやってきたのです。

したがって、その当時の生活を守っていれば、ダイエットなどする必要はないはずです。本来、力士にダイエットなど、あり得ない話です。

たくさん食べて、しっかり稽古をしていれば、ダイエットを云々されるような体にはならないはずです。

私が思うに、逸ノ城は、私が禁止した間食や夜食をするようになったのではないでしょうか。太ることを奨励されている相撲界では、どうやら夜食を摂らなければいけないとされているようです。

しかし、力士に太ることが勧められているのは、単に脂肪をつけるためではなく、筋肉を鍛えて強くなるためです。脂肪太りではなく、筋肉太りでなくてはいけません。つまり、筋肉太りならば、いくら太ってもいいということです。力士にダイエットはないというのはそういう意味です。

夜食や間食や甘いものは不必要で、二食だけで十分です。ちゃんこのようなバランスの取れた食事をして、しっかりと栄養を摂って稽古をすれば、どんなに太っても構わないのです。

そういう意味では、きわめて単純な結論が見えてきます。

「稽古が終わったら、体が欲するままに、飯を六杯でも七杯でも食べる」

それだけのことです。もし、体が欲しないというのであれば、それは稽古を十分にしていないからという、これまた単純な結論が見えてきます。

第7章

指導者は変化を見逃すな！

◈相撲部の重要人物はキャプテン

以前、教え子が地元の子どもたちに相撲を教えているというお話をしたとき、稽古のあとで、五か条の教えを唱和させているといいました。

我が校にもそれと同じ習慣があり、この唱和をリードするという重要な役割を担っているのがキャプテンです。

キャプテンは、稽古が終わると「黙想！」と号令をかけて、それから蹲踞《そんきょ》の姿勢を取らせ、キャプテンに続いて三か条を復唱させます。蹲踞とは、つま先立ちで腰を深く下ろし、膝を十分に開いて上体をまっすぐに伸ばした姿勢のことをいいます。

稽古を始めるまえに、キャプテンは私のところへ来て、部員一人ひとりの調子を報告します。

「今日は、みんなの調子はどうだ？」

「いや、○○君が最近ちょっと……」

「わかった、あいつはどうだ？」

「あ、○○君はとても元気です」

「そうか？　そうは見えなかったけどな。騙されたのかな」

といった具合です。つまり、キャプテンは、部員全員の体調を把握しておかなければならないのです。そして、

「今日はこういう稽古をするぞ」

「試合が近いから、風邪を引かないように、体調を整えておけ」

「マスクしていいよ」

などの指示を正確に伝え、部員全員の共通認識にするのです。これができていれば、私は、改めてあれこれと気配りや目配りをする必要がありません。稽古がスムースに進むかどうかはキャプテン次第ということなのです。

携帯電話を持つかどうかなどの問題にしても、私が命じるという形は取らず、キャプテンを中心にした話し合いで決めるというようにしています。部員からの信頼がなければとてもできることではないでしょう。

◇キャプテンの役割を与えるのも教育指導

歴代のキャプテンに関して思い出すのは、二人の木崎という相撲部員です。一人は木崎伸之助で、じつは彼はキャプテンではなく、副キャプテンでした。

それは、未熟だったからとか、相撲を知らなかったからとか、彼に原因があったのではありません。むしろ、木崎は私が考えるようなキャプテンとしての資格は十分に持っていました。

にもかかわらず、私はキャプテンを木崎と同年の水田健斗にして、木崎を副キャプテンにしたのです。キャプテンの役割を与えることで、水田がぐんとよくなると思えたからです。

その結果、水田はキャプテンとして逞しく成長し、二〇一三年、三年生のときの国体少年団体の部では、鳥取県代表として部員を率い、予選から決勝までの全七戦、自ら先鋒として全勝し、優勝を勝ち取りました。個人でも三位に入賞しました。

本人も自信をつけ、卒業間際に大相撲に行って貴乃花部屋に入り、現在まだ幕下ですが、最近、四股名を貴健斗に変えて頑張っています。

一方、木﨑は木﨑で、その年、キャプテンを支えて大きく成長し、高校総体で個人優勝し、第九十一代高校横綱の栄誉に輝いたのです。

キャプテンという役割や、それを支える役割を担わせるのも、教育指導の一環なのです。

とくに、学生相撲の場合、団体戦もあります。ですから、個々の力や技能をつけることと同時に、みんなで心を一つにして戦うという、人間的成長の部分が非常に大切な課題になってくるのです。

もう一人の木﨑である木﨑雄也が相撲を始めたのは、中学生になってからでした。そして、中学校の稽古が土日で休みのときは、城北高校の稽古場へ来て稽古をすることもありましたが、当時の彼はとても小さくて、身長は一五〇センチくらいでした。

相手と相撲を取るときの稽古では、一度も勝ったことがありませんでした。今にも怪我をしそうで、私もハラハラしながら見ていたものです。ですから、四股やすり足、腕立て伏せなど基礎トレーニングをずっとやらせていました。

まずは、体づくりから始めることにしました。体がまだできていないうちに、ダンベルなどの道具を使った筋トレをすると、背が伸びなくなることもあり、避けたほうがいいからです。

結局、彼は中学生の間、たまに試合に出ても一度も勝てないまま、基礎トレーニングを中心に頑張ってきました。しかも、こうした状況は高校に入ってからも変わらず、一年生のときはずっと基礎練習ばかりでした。

そのころの彼には、勝てる要素がまったくありませんでした。そんな彼と相撲を取る相手が手加減をして、立ち合いのときやさしく当たって土俵に出したときなど、私は激怒して怒鳴ってしまいました。

中学生のときは、基礎トレーニングの合間に小学生と対戦することがあったようですが、勝敗は五分五分だったというくらい弱かったそうです。

そんな彼が初めて勝ったのは、二年生になったときの県大会です。相手は、城北高校の同級生でした。身長は一六〇センチ、伸びたとはいえまだまだ小さいほうでしたが、中学から高校にかけての地道な努力が実を結んだのでしょう、いつの間にか、勝てるだけの体を作っていたわけです。

彼は、さらに中国大会でも、優勝に貢献してくれました。決まり手は押し出しだったと思います。相手は背が高い選手でしたが、あまり重くなかったことも幸いでした。

それまで彼は、蹲踞の姿勢で勝ち名乗りを受けた経験がなかったため、そのまま土俵を下りようとするという微笑ましいエピソードを残してくれました。

その後、身長も一七二センチになり、頼もしいキャプテンになってくれました。

負け続けていたときは迷いがあった

この木﨑だけではなく、誰でも、初めて勝ったときのことは覚えているものです。しかし、彼の場合は、それまでの期間が長かっただけに、喜びは大きく、彼を大きく変えるきっかけになったと思います。本人も次のように言っていました。

「それまでは、試合に臨むまえに、どうやっていこうと思ったり、どうしたら勝てるんだろうと考え込んだりして、それこそ立ち合いの瞬間まで迷っていました。だから、結局中途半端になって、全部負けていたのだと思います。でも、あのときからは、負けることも多いけれど、迷わないようにいこうというふうに決めています」

この言葉を聞いて、私は、厳しく接してきたことが、彼を勝たせることになったのではないかと思い、その成長ぶりをとても嬉しく思いました。彼も、次のように語っていました。

「試合に行くときも、すごく怒られて、キャプテンを替われなどと言われて、そのときは本当に嫌だなと思いました。でも今思うと、監督はこちらの気持ちがわかっていて、モチベーションを上げるためだったのかなと思っています」

「怒られて口惜しがっている一年生を見ると、先生が、一人ひとりを見て、どうやったら強くなれるかを、裏の裏まで考えて、先を読んでいるんだなあというのがわかります」

こうして、彼は、私にとって腹心ともいうべき、理想のキャプテンになってくれました。

キャプテンにするにあたっても、私は、「一番強いものがキャプテンだ」と厳しいことを言いました。

一番ではなくても、徐々に勝ち始めた彼に、もっと、心身ともに強くなってほしかったからです。何かが足りない、キャプテンになれるだけの強さがないと私は言いました。

そして、三年生七人の中からキャプテンを選ぶ申し合いで、「さあ行け！」と私が号令をかけたとき、真っ先に飛び出したのが彼でした。土俵で相撲を取れるのは二人だけ。七人の中で一人がキャプテンになれるというその中で、彼の強い気持ちを感じました。

その後、彼は同級生に続けて勝ちました。さらに、「あと二番勝ったらキャプテンだ」という言葉に応えて、勝ち続けたのです。これが、全員で決めた木﨑雄也キャプテン誕生の瞬間でした。私は、「強くなったな」と声をかけたことを覚えています。私にとっても、びっくりしたできごとでした。

木﨑としては、それまでも、実質的にはキャプテンの仕事をしていたので、中途半端な形でキャプテン役を務めたくなかったのでしょう。

まえにお話ししたように、相撲部の重要人物はキャプテンです。次のような仕事を任せています。

その日の稽古のメニューに従い、稽古を仕切ります。大きな声で気合いを入れるのも重要な役割です。

神前の水を毎日替え、稽古の初めに神前に整列して、四股を踏む姿勢を取り、「お願いします」と言ってから四股を踏む、厳かな慣わしを仕切ります。

稽古が終わったら、蹲踞の姿勢を取り、三つの言葉を唱和するとき、先導役を務めます。三つの言葉とは、

「嘘のない稽古をすること」

「礼儀を重んずること」

「感謝の気持ちを忘れないこと」

の三か条です。

そのあと、黙想をして、輪になって、塵手水《ちりちょうず》をして、神前に「ありがとうございました」と挨拶するときも仕切り役はキャプテンです。

塵手水は大相撲の作法の一つで、蹲踞の姿勢を取り、揉み手をして、それから拍手《かしわで》を打ち、両手を広げたあと、掌を返すことを言います。「塵を切る」「手水《ちょうず》を切る」とも言います。

もともとは、手を清める水（手水）がないときに、水の代わりに草をちぎったり、草がないときは手で揉んで清めたりしたことから生まれた言葉です。起源は、取り組むまえに、お互い、手に何も隠していないことを確認しあったことにあるといわれています。

稽古場の空気をみんなで作ることが大切

繰り返すようですが、私は、相撲が強いというだけの生徒を育てるために、相撲部の監督を務めているのではありません。まして大相撲に行かせることを目的にしたことはありません。それは、あくまで結果であって、目的ではありませんでした。

ある人は、このことを「スルー」という言い方で表現していました。「スルー」とは、英語で「～を通して」という意味です。この方は、不登校の子どもたちに野球を教えて、彼らを元気にしているという人ですが、「野球がうまくなること」を目的にしているのではないそうです。

目的は元気を取り戻すことであり、全国大会に出られるようになったのは結果だということ、つまり、野球を通して人間づくりができ、その結果、全国大会に出ることになっただけだということです。

相撲も同じで、勝つことだけが目的ではないからこそ、木﨑雄也のような小さく弱かった子どもも引き受け、彼が成長していく姿を見るのが楽しみでした。

彼は、進学コースにはいっていましたから、体育関係には進みませんでした。しかし、あるインタビューで、弱くて負けてばかりの相撲をなぜ続けてきたのかと聞かれて次のように答えました。

「相撲を続けてきてほんとうによかったと思っています。いつも思うのは、結果として試合に出られなくても、もし強くなっていなかったとしても、城北に来て、礼儀や挨拶を教えられたので、そういうことで困ることはないと思います。

それに、苦しい稽古をしているので、これ以上苦しいことはないと思いますし、もしあったとしても耐えられるかなと思っています」

相撲は、歴史が古いスポーツですし、昔ながらの形式を守っています。時代を超えて、人間として守らなければいけない要素がたくさん詰まっています。ですから、人間教育として取り入れれば、木﨑のように礼儀正しく思いやりのある、辛抱強い人間が育つのではないでしょうか。

とくに、教育の一環である部活として取り入れる場合、キャプテンの役割は、強いだけでは務まりません。個性のある部員たちをまとめるには、上から目線ではなく、同じ位置に立っていることも大切でしょう。

熱心なあまり、争いが生じて険悪になることもありますが、そういうときもキャプテンは、雰囲気をそれ以上悪くしないように注意したり叱ったりして、楽しく、仲良くを心がけてきました。何よりも大事なのはチームワークなのです。

稽古場の空気を乱す人がいれば、稽古に集中できず、怪我をする人間も出てきます。稽古場の空気をみんなで作ることが大切です。木﨑のようなキャプテンの存在によって、子どもたちは人間として成長し、一人前の社会人になっていくのだと思います。

リーダーには信頼と強さが必要

木﨑がキャプテンになったとき、私が言ったのは、「一番必要なのは信頼、あとは強くなければいけない」ということでした。木﨑なら、それ以上何も言わなくても大丈夫だと思いました。

強いというのは、もちろん、相撲に強いことでもなければ、強権発動をするような強さでもありません。

稽古場の空気が乱れたり、仲間の和を乱す人間がいたりしたとき、それを敏感に悟って、みんなをまとめるという強さです。

怒るのは嫌いだという木﨑には、その強さが十分にありました。信頼されるためには、こちらもみんなを信じることだと考えました。強くなければ、そういうことはできないと思います。

信じて任せることほど難しいことはなく、自分に自信がなければできません。それをやったことで、木﨑は、みんなの信頼を勝ち取ったのだと思います。

彼は、自分がキャプテンに選ばれ、部を託されていると思ったとき、どうしたらまとめることができるかを考えました。

その結果、三年生の自覚を促すことにしたようです。自覚のなさそうな人間をつかまえて、稽古を一緒にやって盛り上げるなどの努力を惜しまなかったようです。

三年生がいい加減な稽古をしていれば、一年生もいい加減になってしまいます。逆にいえば、上級生がしっかりしていれば、一年生はその空気を感じてくれます。だから、一年生に注意するのではなく、自分たちがそういう空気を作ることを優先させたのでしょう。

当時、部員総数十六人のうち、三年生は七人いました。三年生になったころは、それぞればらばらで行き違いが生じていた彼らでしたが、キャプテン木﨑の努力もあって、仲もよく、集中した稽古もできる、いい三年生になりました。

◇「先生が決めたキャプテン」と部員に言わせたくなかった

たしかに私は、木崎がキャプテンになるにあたって、相撲に勝つことという条件を課しました。それは、部員たちが、「一番の適任は木崎だ」と納得してからの就任のほうが、彼の立場がよくなると考えたからです。

もちろん私は、何といっても、彼らより上に立つ人間ですから、私が決めてやったほうが楽だったでしょう。でも、それをしたら、とくに同級生たちは、先生が決めたキャプテンという受け止め方をします。

「どうして木崎なんだ?」「あんな弱いヤツにできるのか?」などと考える生徒もいたかもしれません。何かあるたびに、「先生のえこひいきが出た」「木崎を大事にしてるんだ。特別だもんな」と思う場合もあったでしょう。

キャプテンの適任は木崎だ、彼しかいないと思いつつ出した私の要求に応えることは、木崎にとってとてもきついことだったと思います。

彼がキャプテンになってからも、「キャプテンやめたらどうだ」「おまえなんかキャプテンの器じゃない」と、同級生が同情するくらい厳しいことをよく言いました。

しかし、木﨑は、何を言われてもやめませんでした。そして、二〇一四年の国体で、木﨑はついに強豪・埼玉栄高校の予選から全勝の選手に勝ち、キャプテンの役目を果たしました。

この試合、木﨑が負けたら終わりというぎりぎりの試合でした。団体戦の選手は五人、三回負けたら終わりという試合ですが、我々は一対二に追い込まれました。しかし、木﨑が勝ったので二対二になり、勢いづいた五人目の選手が勝って、私たちは決勝に進むことができました。

◈「強くなる時期」は一人ひとり違うもの

高校は三年間しかありません。ですから、その短い間で、部員のすべてが「相撲をやっていてよかった」と思ってくれるようにするのは大変です。

彼らの成長の仕方は、一人ひとり違います。一年生から強さを発揮する者もいれば、木崎のように、勝った経験ゼロという者もいます。ですから、必ずある「強くなる時期」を見逃さないことが、指導者として大切だと思います。

「今、強い時期を迎えたな」と思ったときに、それを見逃さず、ふさわしい稽古をするように配慮します。また逆に、まだその時機ではないというときに、無理な稽古をさせると、怪我をしたり、落ち込んでやる気をなくしたりしてしまうでしょう。

どんな場合でも難しいのですが、その一つの例として、一年生のときは強くて、レギュラーに選ばれたにもかかわらず、自分の強さに溺れ、三年生になってから力が落ちてレギュラーに選ばれなかったりすることがあります。

学年が上がると、一年のときに弱かった部員が力をつけて、同じ程度か、さらに上の強さを身につけてくるからです。一年生のときにレギュラーに選ばれたからといって、三年生でもそのままレギュラーを続けられると思うのは甘いと思います。

やはり、自分に厳しく稽古をやっている部員が強くなります。一年生でレギュラーになった部員が、途中で勝てなくなって一気に抜かされるのは日常茶飯事です。それほど厳しいということです。

◈負けても頑張るヤツが一番強くなる

相撲に限らず、「やる気のない子をやる気にさせるにはどうしたらいいのでしょう」という相談を受けることがあります。

それが相撲の場合でしたら相撲が嫌い、勉強なら勉強が嫌いということもあるでしょう。しかし、やる気が出ないことのもっとも大きな理由は、自分に自信がないということだと思います。

子どもというのは、親が考えるほど難しいものではなく単純明快で、自信がつけばやる気が出ます。相撲でも、勝っていれば楽しいし、負ければ楽しくない、それだけのことではないかと思うのです。

したがって、指導者がやることも単純明快、しっかりと稽古をさせ、自信をつけさせることです。さきほどいいましたように、時機を見逃さないようにして、ここぞというときには、落とすだけ落とすこともします。

他の人が聞いたら、「そこまで言わなくても」と思われるかもしれません。しかし、時機を見逃さずにやれば、負けん気に火がついてやる気が出るはずです。下手にほめそやしたら、勘違いをすることもあります。

そういう意味で、「ほめ育て」という、しきりに勧められているやり方も、時機が大事だということになると思います。

ここぞというとき、たとえばこんな具合です。

「なんで弱いのかわかってるのか？　なんでおまえは弱くてあの子は強いんだ？　答えてみろ」

「頑張っているからです」

「じゃあ、おまえはなんで頑張らないんだ?」

「頑張ってるんですけど」

「頑張りが足りないんだよ」

相撲だけではなく、勉強も同じで、私はいつも彼らに、「最初から能力のない子もいないし、天才もいない」と言っています。

もし違いがあるとすれば、「一生懸命やれるかどうか」「負けても頑張れるかどうか」です。ですから、自分で勝手に判断してダメだとあきらめたり、人のせいにしたり、もともとそういう才能がないなどというのは言い訳にすぎません。

「そういうことをすると、その時点で負けてしまう。口惜しかったらやってみろ。今だろう、今やらないと、ダメになるぞ」

などと、ここが勝負どころだと思って厳しいことを言ったとき、「やるぞ」となれば、何らかのいい結果が出ます。機を逃さず「よかったな」と、ともに喜んでやれば、あとはもう大丈夫です。彼はやる気まんまんになることでしょう。

一生懸命に稽古をするようになり、こちらが「いい加減に休め」と止めたくなるほど、勢いが止まらなくなっていきます。

◈自信がついたときに驚くほどの力が湧いてくる不思議

前出の木﨑雄也は、相撲を通じて得るものがたくさんあったから、相撲を続けてきたと言いました。しかし、私は、それだけではなく、やはり、頑張れば絶対に強くなるという信念のようなものがあったのだと思います。

その甲斐があって勝ったときの喜びがどれほど大きいものだったか、それは、私の想像を超えるものがあったはずです。

全然勝てなかったのが、初めて勝って、みんなから「すごい！」「よく頑張った」と言われて、だんだんだんだん、勝つことの喜びが湧き上がって……。ずっと負けて、苦しかったからこそ、天にも昇る気持ちを味わったにちがいありません。

指導者は、弱い部員を見ても同情するのは禁物です。「おまえはかわいそうなヤツだな」と言ったら最後、ほんとうにかわいそうな部員になってしまうでしょう。

弱い部員に厳しくするのは大変です、時機を誤れば、とんでもないことになる恐れもあります。しかし、指導者であれば、あえて厳しくする勇気を持ちたい。私はいつもそう思いながら部員たちと接してきました。

木崎は、よく頑張ったと思います。「負けてもあまり気にするな、まだ体ができていないのだから、今は一生懸命体づくりをしなさい」という私の言葉を素直に受け止めてくれました。

そして、「いつかは」と期するものがあったのでしょう、くさることもなく、選手として出場するライバルや下級生に、タオルや水を持っていくなど雑用を率先してやっていました。

その結果が、さきほどお話しした初勝利です。「勝ったじゃないか！」

それからググググッと、彼は調子を上げていきました。体も大きくなっていきました。

人は、どんなに本気のつもりでも、負けているときは、「自分には、どこかダメなところがある」と考えてしまい、本気にはなれないものです。しかし、一度勝って「自分はやれる」と思ったとき、不思議なことに、驚くほどの力が湧いてくるのでしょう。

あの「出ると負け」だった木﨑が、その後、一番強くなったということが、何よりの証でしょう。一番強い人間が、レギュラーになり、キャプテンになるという常識をみごとにくつがえして、彼は、みんなが認めるキャプテンになりました。

とはいえ、彼も人間ですから、ときに気が緩むこともありました。そういうときは、私は機を逃さず、「今のままでは、タオルを持っているだけのキャプテンだぞ」と、厳しい言葉をかけてきました。

彼は、私にもわかるくらい顔をゆがめて嫌な顔をしましたが、再びやる気を出して、びっくりするくらい一生懸命に、稽古に励むようになっていきました。

彼の他にも、印象に残る何人もの相撲部員がいます。強くなれないまま卒業していった子ももちろんいますが、また次の段階、別の場所で力をつけるチャンスもあります。

そして、もちろん相撲をやめたあとも、ここで何度も怒鳴られながら、思い切り汗を流して体をぶつけあった経験は、彼らの人生の中できっと役立ってくれると私は信じています。

おわりに

私たちには当たり前になっていることでも、鳥取城北高校に初めて来られる方には意外に思われたり驚かれたりすることがいくつかあるようです。

校門を入ると、右にグラウンド、左に正面玄関があります。その通路にいる生徒やグラウンドで部活をしている生徒に会うと、びっくりするほど大きな声で挨拶されます。初めての方の中にはどぎまぎして、「あ、はい、こんにちは」などと照れながら挨拶を返してくださる人もいます。

玄関を入るとすぐ左手に校長室があるのですが、あるお客様が、「城北高校には〝喫茶店〟があるんですねえ」とおっしゃいます。もちろん、店があるわけではありませんが、あえていえば店主は校長の私、お客は生徒たち、それも何か問題を抱えて浮かぬ顔をした生徒たちです。

たとえば、遅刻の常習者で困ったと担任が生徒を連れてきます。

私は、「どうした？　学校が嫌になったのか？　まあ座れよ」などと言って、たっぷり用意してあるコーヒーをカップにつぎ、ちょっとしたお菓子を添えて生徒に出します。

そして、「まあ飲めよ。ゆっくりでいいからな」などと、よもやま話をするように接していると、生徒は重い口をだんだん開いて、担任が知りたかった悩みを打ち明けてくれたりします。

相撲部の見学がしたいと言ってこられる人が、校長室から相撲道場までグラウンドの横を通る途中、グラウンドにいるほとんどすべての生徒が、「おはようございます！」「こんにちは！」と声をかけてきます。

私はそれがソフトボール部の生徒なら、「おう、今度の大会、大丈夫だよな！」などと声掛けをし、生徒は、「ハーイ。大丈夫です。勝ちます」などと答えてくれます。

グラウンドの端にある相撲道場は、「鳥取城北高校相撲道場」と墨書した大きな木の看板がかかる立派な建物です。

私が就任したころは、グラウンドの片隅に円を描いて土俵に見立てて稽古していたのですが、よく野球部のボールが転がってきました。

雨が降ると、土俵がグチャグチャで使えないので、そんなときは階段などを使った筋トレに励みます。暗くなると車をグラウンドに乗り入れて、ライトで土俵を照らして稽古をしたものです。

体や頭を使うだけではありません。心技体というように、心も使います。道場には大きな炊事場や風呂場ができて、以前とは比べ物にならないほど環境が整いました。しかしそれに甘えないように、心を引き締めなければなりません。

稽古を見学された人たちは、最初、面食らうのではないでしょうか。激しいぶつかり合いの迫力を期待して来たのに、部員たちは延々と四股ばかり踏んでいます。三十分以上経って、やっと四股が終わったかと思うと、今度はすり足です。こんな具合に時間をかけて、基本をみっちりやるのが相撲の稽古なのです。

指導体制の上では監督やコーチ、キャプテンや上級生といった序列が必要ですが、序列が上であるからといって、威張っているわけではありません。私の家に作った寮でもそうですが、トイレ掃除などキャプテンや上級生が先頭に立って行います。

要するに、こうしたことを通じた人間的な成長が、力士になるにしても一般社会に出るにしても、あとあと彼らの財産になると私は信じています。

こうした私たちの思いが通じたのか、昨今の高校や大学の定員減少傾向の中で、鳥取城北高校は、おかげさまで毎年生徒数が増えています。相撲部のほか四度の甲子園出場を果たした野球部をはじめとするスポーツ部の活躍に並び、勉学面でも国立大学への進学が増えるなど喜ばしい傾向が出てきています。

思いがけぬ出会いも増え、珍しいお客様としては、鳥取市の「塩釜手話サークル・ろうあ部」の方々が、相撲部の見学に来てくれたこともありました。以前、相撲部コーチの「ガンちゃん」ことガントゥクス君が、このサークルの催しで講演をしたのが縁で、訪ねてくれたのです。

部員たちも、こうしてろうあなど障害を持つ人たちのための活動を知ることで、人間としての幅を広げることができるでしょう。

鳥取県は、全国でも初めて手話を言葉として認める「手話言語条例」を作ったことで知られています。皇室も手話には熱心で、毎年、鳥取で行われる手話の催しには、秋篠宮家の紀子さまや眞子さま、佳子さまも来られ、手話で挨拶をされました。

鳥取が全国の先頭に立っているという点において、相撲と手話は共通しているということにも気づきました。私の情熱はすべて、人を育てることに携わっていきたいという思いから始まっています。

聞くところによると、鳥取という地名も、耳や言葉の不自由な人と関係があるそうです。神代の昔、天皇の御子に言葉を発しない子がいて、あるとき白鳥が飛んでいるのを見て初めて言葉を発したのだとか。

そこで、天皇がその鳥を取ってくれと臣下に命じたことから、鳥取という地名ができたのだそうです。

そんなことまで含めて、ここ鳥取が、誰もが心身健やかに、心豊かに育ってくれる地であってほしいと願っています。

最後に、鳥取県で毎年開催される「鳥取しゃんしゃん祭」で、踊りながら練り歩くときに歌われる歌をご紹介したいと思います。

やるなら　どんとやれ　ごついこと
根性すえて　やってみな
ソレ　シャンシャンシャンシャン

「鳥取しゃんしゃん傘踊り」（門井八郎 作詞・長津義司 作曲）

「シャンシャンシャン」には、練り歩くときに持つ傘についている「鈴の音」と、市街地にある温泉の「湯がしゃんしゃん湧く」という二つの意味があります。

私は、「根性すえて」というところが、相撲部の精神と一致していると思えて、ちょっと気に入っています。

〈著者プロフィール〉
石浦外喜義（いしうら・ときよし）
鳥取城北高等学校校長、相撲部総監督。1961年、石川県生まれ。高校で相撲部に入部して相撲人生が始まる。日本大学卒業後、国体選手として鳥取入りし、1986年、鳥取城北高等学校の体育教師・相撲部監督に着任。翌年、中国大会で団体優勝、その翌年インターハイ初出場で団体3位。2011年には高校総体、国体など全国6大会の団体・個人戦の完全制覇という前人未到の快挙を成し遂げる。多くの優秀な選手や関取を輩出しており、教え子の現役力士には照ノ富士、逸ノ城、貴ノ岩、石浦、山口などがいる。モットーは「嘘のない稽古・教育」。自宅の一部を相撲部員の寮にするなど、生活全般にわたり「人間づくり」を目指した指導に力を入れている。

弱くても勝てる　強くても負ける
2017年4月20日　第1刷発行

著　者　石浦外喜義
発行人　見城 徹
編集人　福島広司

GENTOSHA

発行所　株式会社 幻冬舎
〒151-0051　東京都渋谷区千駄ヶ谷4-9-7
電話　03(5411)6211(編集)
03(5411)6222(営業)
振替　00120-8-767643
印刷・製本所　株式会社 光邦

検印廃止

ISBN978-4-344-03103-6　C0095
幻冬舎ホームページアドレス　http://www.gentosha.co.jp/

この本に関するご意見・ご感想をメールでお寄せいただく場合は、
comment@gentosha.co.jpまで。